RACHAEL COHEN

EVERYDAY PLANT MAGIC

Alles über die
lebensverändernde Magie der Natur

Aus dem Englischen
von Christiane Burkhardt

KNESEBECK

Für die Pflanzen: für das Leben, das ihr schenkt, für die Weisheit,
die ihr überliefert, für die Inspiration, die ihr uns gebt, für die Schönheit,
die ihr verkörpert, und für eure tröstliche Gegenwart.
Danke für eure unendlichen Gaben und großzügigen Lehren.

Für Mutter Erde, für alles, was du bist und was du uns schenkst.
Danke, dass du uns immer wieder nach Hause holst.

Und für G, A und Z: Ich liebe euch mehr denn je.

INHALT

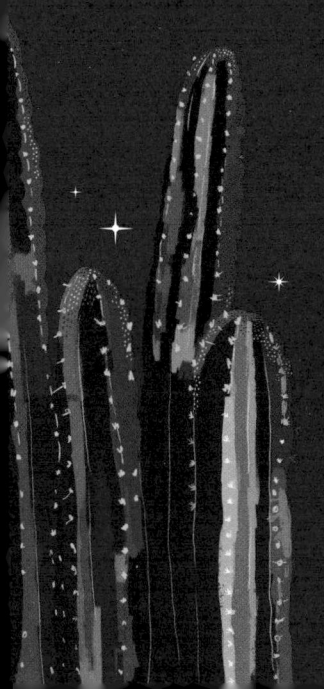

EINLEITUNG ✳

Liebe Freund:innen,

willkommen zurück!
Ja, genau, »zurück«, weil dieses Buch Erinnerungen an eure uralte Seele
heraufbeschwören soll. Es geht um Erinnerungen, die wir alle teilen: um das
Wissen, dass wir nicht unabhängig von der Erde und denen, die sie bewoh-
nen, existieren, sondern nur ein Teil eines miteinander verbundenen Ganzen
sind. Um das Gefühl der Zugehörigkeit – zu Mutter Erde und zu uns selbst.
Um die innige Liebe zu ihr und all ihren Kindern, ohne zu vergessen, wie
sehr wir von ihr zurückgeliebt werden. Damit uns wieder bewusst wird, dass
Magie etwas ganz Reales, Allgegenwärtiges ist – angefangen vom Boden
unter unseren Füßen über das Wasser, das wir trinken, und die Pflanzen, die
wir essen, bis hin zu den Sternen, die über unseren Köpfen funkeln. Aber vor
allem heiße ich euch willkommen zurück zu der Erinnerung daran, dass die
mächtige, kreative Magie der Natur und des gesamten Universums uns alle
durchströmt, weil auch wir zur Natur und zum Universum gehören.

Danke, dass ihr dieses Buch lest. Danke, dass ihr den Herzschlag der Erde
spürt, die uns durch ihr bloßes Vorhandensein und ihre Liebe ein Zuhause ist. Danke, dass ihr Bäume umarmt, mit den Vögeln singt, die Füße in
einen Bach hängt und dem Flüstern des Windes lauscht. Mögen die Worte,
Pflanzen, Rituale und die durch dieses Buch übertragene Energie stets dafür
sorgen, dass ihr euch auf eure Erdverbundenheit und Magie zurückbesinnt.

In unendlicher Liebe und Dankbarkeit
Rachael

DIE MAGIE DER NATUR ☽

Unendliche Unterstützung und Liebe sind überall. Diese magische Energie ist stets verfügbar, vorausgesetzt, wir sind offen dafür. Die Natur ist der Schlüssel.

Die meisten glauben, Magie gäbe es nur in der Fantasie. Auch dass die Erde und das Universum nur wenig Einfluss haben. In Wahrheit ist die Natur sehr lebendig und besitzt ein Bewusstsein. Sie sieht uns und wartet geduldig, dass wir wieder Kontakt zu ihr aufnehmen. Magie ist überall, sie wirkt in allem – auch in uns.

Mutter Erde ist magisch, sie will, dass wir mithilfe ihrer Magie innigere Beziehungen führen, Erfüllung, Freundschaft und Liebe finden. Wenn wir über ein sich gerade entfaltendes Blatt oder über die funkelnde Sonne staunen, wissen wir, dass Magie ganz real ist, denn das macht uns durch und durch lebendig. Noch einmal etwas anderes ist es, sich dieser Magie ganz bewusst zu bedienen. Und am einfachsten geht das mithilfe der Natur. Dieses Buch hilft euch, Kontakt zu Pflanzen aufzunehmen und eure Magie zu kultivieren.

In meiner Kindheit und Jugend spürte ich Gott weniger bei religiösen Ritualen, sondern eher, wenn ich in Bäume kletterte oder im Meer planschte. Ich habe Ökologie studiert und mich beruflich mit den Wechselwirkungen zwischen Mensch und Erde befasst. Ich habe andere mit der Natur in Kontakt gebracht. Doch gleichzeitig nahm ich Antidepressiva und Schlafmittel, war voller Angst.

Ökophobie ist eine Riesenangst vor ökologischer Zerstörung. Je mehr ich über Nachhaltigkeit sprach, desto größer wurde meine Angst, denn für unsere Gesellschaft hat Naturschutz nicht oberste Priorität. Nach der Geburt meiner zweiten Tochter stand es so schlimm um mich, dass ich kaum noch essen oder schlafen konnte. Und dann traten die Pflanzen in mein Leben.

Mein Therapeut empfahl mir, kreativ zu werden, also schuf ich lebendige Kunst aus Sukkulenten und fand die magische Medizin, nach der sich meine Seele so sehr sehnte. Die Pflanzen wirkten wahre Wunder. Sie erinnerten mich daran, dass wir ständig von Leben und Schönheit umgeben sind, dass uns die Erde liebt, obwohl wir sie zerstören.

Pflanzen haben mir wieder in Erinnerung gerufen, wer ich eigentlich bin. Ihre Kraft und Weisheit sind in dieses Buch miteingeflossen. Pflanzen haben mein Leben verändert: Aus ständiger Angst wurde Magie, und das jeden Tag. Ich bin fest davon überzeugt, dass sie dieses Wunder auch an euch vollbringen können.

MAGIE – WAS IST DAS EIGENTLICH? ✳

Wenn ihr zehn verschiedene Menschen bittet, Magie zu definieren, werdet ihr zehn verschiedene Antworten bekommen, da sie etwas ganz Individuelles ist. Doch die einfachste Antwort lautet: Magie ist der göttliche Funke, der alles beseelt. Ihr seid magisch, ich bin magisch, die Pflanzen in eurer Umgebung sind magisch, ja sogar die Worte, die ihr gerade lest.

Erst vor Kurzem hat uns die Quantenphysik gelehrt, was die alten Mystiker schon immer wussten: Alles auf Erden und im gesamten Universum ist einfach nur Energie in verschiedenen Frequenzen. Wenn wir begreifen, dass diese Energien magisch sind und uns stets zur Verfügung stehen, können wir uns ihnen bewusst überlassen und kreativ mit ihnen umgehen, sie aktiv transformieren. Ich bin fest davon überzeugt, dass der magische Akt darin besteht, Energien bewusst anzuzapfen, zu lenken und zu gestalten.

Zum Glück ist die Magie der Natur stets verfügbar und unterstützt unsere magischen Vorhaben. Ob wir nun in einem Hochhaus in der Großstadt oder einer Hütte im Wald leben – Naturmagie umgibt uns. Es ist ganz normal, sie anzuzapfen. So können wir magische Kräfte, Unterstützung, Fülle, Kreativität, Wertschätzung, Heilung, Akzeptanz, Verjüngung, Transformation, Verbundenheit und vorbehaltlose Liebe tanken. Und das ist wirklich mächtige Magie.

PFLANZENMAGIE ✳

Pflanzen sind reine Magie: Ihr Atem nährt uns, sie ernähren und heilen uns, inspirieren uns mit ihrer Schönheit. Ohne Pflanzen gäbe es uns gar nicht, denn sie erzeugen Sauerstoff, sind das erste Glied in unserer Nahrungskette, sie stellen Strukturen zur Verfügung, die wir für unser Überleben brauchen. Schon ihre Präsenz ist magisch, denn sie helfen uns, im Hier und Jetzt Wurzeln zu schlagen, und inspirieren uns zu weiterem Wachstum.

Pflanzen sind Wunderheiler, und wie alle großen Heilenden beschwören sie den magischen Heiler herauf, der in uns allen steckt. Sie lehren uns, Kraft aus Mutter Erde, aus der Sonne, ja aus der gesamten Natur zu ziehen. Sie spenden Energie, beruhigen unsere Nerven und stärken unser Immunsystem, ja unsere Gesundheit insgesamt. Sie helfen uns auch, uns an den magischen Funken zu erinnern, ihn zu kultivieren und weithin leuchten zu lassen, erinnern uns gleichzeitig an die Göttlichkeit allen Lebens.

Visualisiert kurz, wie ihr ein paar Schritte in den Wald, einen Kräutergarten oder ein warmes Gewächshaus setzt. Spürt, wie die feuchte Luft eure Haut liebkost, während ihr den Duft von Blättern, Blumen, Harzen und Erde in euch aufsaugt. Hört das Blätterrascheln, das Insektengesumm und die singenden Vögel, während Licht und Schatten miteinander tanzen. Atmet tief durch, taucht ganz in diese Pflanzenwelt ein. Spürt ihr, wie die bloße Vorstellung, unter Pflanzen zu sein, ein Gefühl von Ruhe und Wohlbefinden bei euch auslöst? Das ist reine Magie.

Wenn wir dafür empfänglich werden, können wir die Magie der Pflanzen nutzen, um unser Leben zu verbessern – auf einer individuellen, aber auch auf einer gesellschaftlichen Ebene. Dank ihrer großzügigen Gaben, durch ihr bloßes Vorhandensein erinnern uns Pflanzen physisch an die lebensbejahende Energie und Magie, die uns stets zuströmt, sowie daran, dass uns Natur/Universum/Gott/Göttin stets mit ihrer bedingungslosen Liebe auffangen.

SO BENUTZT IHR DIESES BUCH

Das Buch bringt euch erst mal wieder mit der Magie der Naturzyklen und eurer eigenen Energie in Kontakt. Anschließend stelle ich euch die magischen Kräfte von 45 unterschiedlichen Pflanzen vor. Jeder einzelne Steckbrief erklärt die jeweiligen magischen Eigenschaften, die Chakras, Elemente und Kristalle der jeweiligen Pflanze.

Darüber hinaus gebe ich euch Rituale an die Hand, bei denen ihr mit der transformativen Magie der Pflanzen in Kontakt treten könnt. Dazu zählen geführte Meditationen, Energiearbeit und Rezepte. Ein Ritual ist eine bewusste Handlung, durch die wir mit unserer körperlichen wie seelischen Realität in Verbindung gehen (wie ihr die Rituale in diesem Buch sonst noch nutzen könnt, erfahrt ihr auf S. 150).

Wenn ihr mit der transformativen Magie der Pflanzen in Kontakt kommen wollt, müsst ihr sie als atmende, sensible Wesen wahrnehmen. Pflanzen können uns fantastische Lebenslektionen erteilen, wir müssen nur lernen, mit ihnen zu kommunizieren. Und so kommt ihr in Kontakt:

✳ 1. SPÜRT HIN

Mit der Magie der Natur könnt ihr überall in Kontakt treten. Ein Baum in der Stadt eignet sich genauso dafür wie ein Baum im Wald. Macht euch zunächst bewusst, welche Natur euch umgibt. Was wächst da? Welche Botschaften haben diese Bäume, Blumen, ja sogar »Unkraut« für euch? Öffnet Augen, Geist und Herz für die Magie in eurer Umgebung.

✳ 2. GEHT RAUS IN DIE NATUR

Zeit im Freien ist so oder so wichtig für eure körperliche und energetische Gesundheit. Aber um Magie zu kultivieren, ist sie unerlässlich. Nehmt euch immer wieder Zeit, mit der Erde unter euren Füßen und dem Himmel über eurem Kopf in Kontakt zu treten. Zeigt Wertschätzung und bedankt euch, während ihr die Energien der Natur in euch aufsaugt.

✳ 3. GEHT SCHÖPFERISCH MIT PFLANZEN UM

Stellt euch immer mal wieder zu einer Pflanze. Atmet tief ein, spürt den festen Boden unter euren Füßen. Schmückt euer Zuhause und euer Büro mit Pflanzen, um lebensbejahende, kreative Energien zu fördern. Tobt euch mit Pflanzen aus, indem ihr sie arrangiert, Kränze und Terrarien damit dekoriert. Esst Bio-Gemüse. Macht Tees, Getränke, Tinkturen und botanische Badezusätze aus Kräutern. Interagiert mit euren Pflanzen: tanzt, singt, redet und meditiert mit ihnen. Pflegt eure Pflanzen und schenkt ihnen Wertschätzung – ihr werdet spüren, wie sie es euch danken.

✳ 4. GEBT MUTTER ERDE ETWAS ZURÜCK

Bringt der Erde jeden Tag eine Dankesgabe dar: Das kann ein bewusstes Anatmen der Pflanzen sein, die Herstellung von Kompost oder aber von Mandalas aus (Blüten-)Blättern, das Vermeiden von Einmalprodukten aus Plastik.

Dieses Buch lädt euch dazu ein, euch der Pflanzenmagie bewusst zu öffnen, die mächtige Magie in euch zu wecken und zu pflegen. So wie die Pflanzen besitzt auch jeder Mensch einen einzigartigen magischen Funken, den wir hegen und pflegen können. Magie macht Spaß und ist etwas ganz Intuitives – vor allem grüne Pflanzenmagie. Nutzt die Informationen, Rituale, Rezepte, Mantras und Meditationen aus diesem Buch als Anregungen. Ihr allein kreiert euer Leben, ihr allein seid Hüter:innen eurer Magie. Die Pflanzen und ich leiten euch nur dabei an.

MAGISCHE PORTALE ☽

Wir alle wissen, dass die Kraft der Natur unsere Energie magisch verändern kann. Denkt nur an all die Male, als ihr euch bei einer nervigen Aufgabe oder Situation eine Pause genommen habt, um rauszugehen und frische Luft zu schnappen oder um euch eine Tasse Kräutertee zu machen. Schon diese simplen Dinge haben eure Stimmung deutlich verbessert. Das ist aktive Magie.

Wollt ihr mit der Magie der Natur arbeiten, solltet ihr die Zyklen der Erde und des Kosmos kennen, um eure Bewegungen auf die des Universums abstimmen zu können. Ich mache das, indem ich mit der Magie von Sonne, Mond, den vier Jahreszeiten, Elementen und Himmelsrichtungen Kontakt aufnehme.

DIE SONNE ☼

Die Sonne ist warm, erhellend und inspirierend, sie fördert das Wachstum. Wie die Erde generiert auch die Sonne Lebensenergie (*prana*). Die Sonne ist besonders effektiv, wenn es darum geht, das Solarplexus-Chakra (s. S. 18) zu energetisieren, zu reinigen, zu revitalisieren und auszubalancieren. Nutzt die Sonne, um Kristalle und andere magische Werkzeuge zu reinigen. Die Sonne entspricht auch der Facette unseres Wesens, die wir von uns zeigen. Sie ist das Licht, das wir bewusst in die Welt tragen.

DER MOND ◑

Der Mond besitzt erleuchtende, ausdrucksstarke, magnetische, empfängliche und zyklische Qualitäten. Er tanzt harmonisch mit der Erde. Der Mond ist Ebbe und Flut der Gezeiten, der ewige Tanz von Leben, Tod, Vergänglichkeit und Wiedergeburt. Die Magie des Mondes hilft uns dabei, Kontakt zu unserer

Intuition, unseren Gefühlen, unserer Kreativität und unserem Unterbewusstsein aufzunehmen. In Wahrheit verändert der Mond seine Gestalt nie, nur unsere irdische Perspektive verändert sich ständig und kennt vier Hauptmondphasen, die sich in einem 28-tägigen Zyklus abwechseln. Diese vier Hauptmondphasen eröffnen neue Perspektiven auf unser Leben.

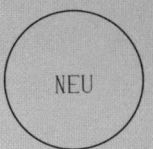   

NEUMOND: Dann ist der Mond ganz dunkel, eine Zeit des Neuanfangs zu Beginn des Mondzyklus. Die Neumondenergie eignet sich dazu, intuitiv Pläne zu schmieden und etwas Neues zu wagen. Der Neumond ist eine wichtige Zeit für Manifestationen und Magnetismus. Aber auch eine, um neue Samen auszubringen. Der Neumond entspricht dem Element Erde.

ZUNEHMENDER MOND: Er symbolisiert Wachstum, Aktivität und männliche Yang-Energie. Begeistert euch für Neues und handelt entsprechend. Diese Phase ist gut dazu geeignet, den Garten zu düngen und Pflanzen zurückzuschneiden, um weiteres Wachstum zu fördern. Der zunehmende Mond entspricht dem Element Luft.

VOLLMOND: Dann strahlt der gesamte Mond am Himmel, eine Zeit der Erleuchtung, der Kreativität und des Nachdenkens. Vollmond, das ist der ideale Moment, um zu ernten. Vollmondlicht ist besonders magisch – lasst Kristalle und Gefäße mit sauberem Wasser davon anstrahlen, damit sich seine Magie darauf überträgt. Der Vollmond entspricht dem Element Feuer.

ABNEHMENDER MOND: Dies ist eine Mondphase, die eher die Innenschau fördert. Sie steht für Nachdenklichkeit, Ruhe und frei fließende, weibliche Yin-Energie. In dieser Phase könnt ihr Gelerntes weitergeben. Sie dient der inneren Einkehr und ist ideal, um Garten und Pflanzen gegen Schädlinge zu schützen. Der abnehmende Mond entspricht dem Element Wasser.

DIE VIER JAHRESZEITEN

Alle Jahreszeiten eines Sonnenjahrs besitzen ihre eigene Energie, Magie und Weisheit. Indem ihr eure persönliche Energie an den Energien der Jahreszeiten ausrichtet, lernt ihr, mit den Rhythmen der Natur zu harmonieren und zu tanzen.

....

FRÜHLING:

Wie der Neumond ist der Frühling eine Zeit des Neubeginns und Wachstums. Der manchmal heftige und manchmal sanfte Frühling entspricht der Yang-Energie und den Elementen Wasser und Luft. *Frühlingsmagie: Einen Garten bepflanzen oder die Zimmerpflanzen düngen.*

SOMMER:

Der Sommer ist die Zeit für üppiges Wachstum und Aktivität. Er ist eine Zeit der Expansion, des Abenteuers und des Handelns. Der Sommer entspricht der Yang-Energie und dem Element Feuer. *Sommermagie: Springt ins Meer oder in andere Naturgewässer, sooft ihr könnt! Esst frisches Obst, Gemüse und Kräuter.*

HERBST:

Der Herbst ist die Zeit der Ernte und des Loslassens. Jetzt dürfen wir ernten, was wir in Frühling und Sommer herangezogen haben. Und jetzt dürfen wir auch loslassen, was wir nicht mehr brauchen. Der Herbst entspricht der Yin-Energie und dem Element Luft. *Herbstmagie: Erntet im Garten und schneidet ihn zurück. Bringt der Erde eine Dankesgabe, indem ihr Mandalas aus Laub, Eicheln und Kiefernzapfen bastelt, und bekämpft eventuelle Schädlinge.*

WINTER:

Der Winter ist eine Zeit der Ruhe, der Erleuchtung und der inneren Einkehr. Er dient dem Nachdenken und der Erholung. Jetzt brüten wir neue Energie aus, bevor es im Frühling wieder richtig losgeht. Der Winter entspricht der Yin-Energie und den Elementen Erde und Wasser. *Wintermagie: Lasst es möglichst ruhig angehen. Macht Spaziergänge und nutzt die Zeit zum Lesen, Nachdenken, Ausruhen und Cocooning.*

DIE VIER ELEMENTE DER NATUR

Die Elemente – Erde, Feuer, Wasser und Luft – erschaffen alles auf diesem wunderbaren Planeten. Sie verbinden sich, um so komplexe Wesen wie Pflanzen, Tiere und uns hervorzubringen.

....

ERDE:

Unser Fundament, Zuhause, aber auch Sicherheit und Vermächtnis. Verbindet euch mit Erdelementen, um euch fest verwurzelt und geliebt zu fühlen. *Erde-Deko: Keramik, Holz, Stein, Körbe, Kissen, Decken, Fliesen, Pflanzen, erdende Kristalle wie Achat, Diamant, Onyx und Turmalin.*

FEUER:

Unser Funke, Entschlusskraft und Leidenschaft. Feuer ist kreativ und destruktiv, lebensbejahend und zerstörerisch. Verbindet euch mit Feuerelementen, um Selbstvertrauen und Ausdauer zu entfachen und Überholtes zu verbrennen. *Feuer-Deko: Kerzen, Kamine und Feuerschalen, Räucherstäbchen, Räucherbündel, Pyramidenformen und Feuer-verwandte Kristalle wie Feueropal, Granat, Obsidian und Pyrit.*

WASSER:

Unsere authentischen Gefühle, Intuition, Kreativität, Sinnlichkeit und unsere Körperflüssigkeiten: Wasser reinigt und erinnert uns daran, im Fluss zu bleiben. Verbindet euch mit Wasser, um Zugang zu eurer Intuition und euren Gefühlen zu bekommen. *Wasser-Deko: Brunnen, Aroma-Diffuser, Aquarien, Spiegel, Muscheln, Glas und wasserverwandte Kristalle wie Aquamarin, Labradorit, Opal und Perlen.*

LUFT:

Der Atem, der uns durchströmt, und die Gedanken, die unser Bewusstsein durchziehen. Luft hilft uns, Zugang zu Ideen zu bekommen und uns durch bewusste Atmung zu verändern. Verbindet euch mit Luft-Elementen, um euren Ist-Zustand zu ändern und geistige Klarheit zu bekommen. *Luft-Deko: Federn, Windorgeln, Flaggen, Pflanzen zur Luftreinigung und Luft-verwandte Kristalle wie Aventurin, Blauer Calcit, Coelestit und Rosenquarz.*

DIE VIER HIMMELSRICHTUNGEN

Die Himmelsrichtungen beinhalten Magie und Weisheit für den Menschen. Ihre jeweilige Energie entspricht der der Elemente und Jahreszeiten und zeigt uns erneut, wie alles miteinander verwoben ist.

OSTEN:

Im Osten geht die Sonne auf, er steht für einen Neubeginn, der uns jederzeit zur Verfügung steht. Der Osten entspricht dem Frühling und dem Element Feuer.

SÜDEN:

Der Süden liegt unten bei unseren Füßen und symbolisiert so den Halt und die Stabilität der Erde, ihren Schutz und ihre Fülle, die uns jederzeit zur Verfügung stehen. Der Süden entspricht dem Sommer und dem Element Erde.

WESTEN:

Im Westen geht die Sonne unter, hier verschwimmen Licht und Dunkelheit, Leben und Tod. Er steht für Weisheit, Vorausahnungen und den Fluss authentischer Gefühle, die uns jederzeit zur Verfügung stehen. Der Westen entspricht dem Herbst und dem Element Wasser.

NORDEN:

Der Norden liegt oben und steht für die Möglichkeit zu Veränderung, für unsere Weiterentwicklung – eine Einladung, die uns jederzeit zur Verfügung steht. Der Norden entspricht dem Winter und dem Element Luft.

DER ALTAR

Um die Magie, die euch umgibt und durchströmt, bewusst nutzen zu können, solltet ihr einen Ort haben, an dem ihr Magie kultivieren könnt: einen Altar. Altare sind besondere, von euch geheiligte Orte für spirituellen Rat. Sie können so groß sein wie ein Tisch oder so klein wie eine Fensterbank. Verbindet euch regelmäßig damit und verbringt dort Zeit: meditiert, schreibt Tagebuch, dankt der Natur und lernt all das, was eure Wissbegier zufriedenstellt.

IHR BRAUCHT

+ Ein Tagebuch und einen Stift
+ Persönliche Deko-Objekte wie Kristalle, Federn, Kerzen, Blumen, Pflanzen
+ Räucherstäbchen, Räucherbündel oder reinigende Kristalle wie Selenit oder klaren Quarz

SO BAUT IHR EINEN ALTAR

Überlegt euch, wo der Altar hin soll. Reinigt den Ort ganz konkret, indem ihr dort aufräumt, abstaubt und wischt. Anschließend reinigt ihr den Ort energetisch mit Räucherstäbchen, Selenit, Quarz oder euren Händen.

Werdet euch darüber klar, welche Aufgaben euer Altar erfüllen soll. Schreibt in euer Tagebuch, womit ihr euch verbinden, was ihr manifestieren wollt.

Jetzt, wo ihr spürt, was ihr wollt, atmet tief in den Bauch und dankt der Natur für ihre endlose Liebe und Unterstützung.

Visualisiert eine Lichtkugel, die euch, eure Materialien, euren Altar und euer ganzes Zuhause umgibt, während ihr euch darauf konzentriert, euch mit dem höchsten Gut für alle zu verbinden.

Schmückt und organisiert euren Altar so, wie es euch gefällt.

Aktiviert eure Magie (s. S. 20) und ladet euren Ort positiv auf, indem ihr mit den Händen im Uhrzeigersinn Kreise beschreibt. Setzt euch und meditiert oder schreibt stumm in euer Tagebuch, während ihr euch mit diesem heiligen Ort verbindet, solange ihr wollt.

DIE CHAKRAS

Die Chakras, die erstmals in uralten vedischen Texten beschrieben wurden, sind sich drehende Energiewirbel, die Körperenergie speichern oder abgeben. Sieben Hauptchakras reihen sich vom Beckenboden bis zum Scheitel. Jedes Chakra beeinflusst bestimmte Körperbereiche und -funktionen sowie bestimmte Gefühle und Lebensthemen. Sind unsere Chakras ausgewogen, speichern wir jede Menge Lebensenergie und geben diese auch wieder ab. Dann fühlen wir uns gut, sicher, kreativ, voller Fülle und Liebe, dankbar, intuitiv und mit unserer Umwelt verbunden. Sind unsere Chakras hingegen blockiert, fühlen wir uns erschöpft, leer, frustriert, besorgt, deprimiert, unsicher, ängstlich, ja sogar krank. Haben wir die Chakras allerdings erst mal verstanden, können wir sie mithilfe der Natur ausbalancieren.

1. WURZELCHAKRA/*MULADHARA*
Sitz: Beckenboden
Themen: Herkunftsfamilie, Erdung, Gesundheit
Anatomie: Füße, Beine, Blutzusammensetzung, Dünndarm, Dickdarm, Beckenboden, Steißbein
Gefühle: sicher, stabil, gehalten
Farbe: Tiefrot
Element: Erde

2. SAKRALCHAKRA/*SVADISHTHANA*
Sitz: Schoß/Becken
Themen: Kreativität, Sexualität, Karriere, Beziehungen, Fülle, Intuition, Gefühle
Anatomie: Fortpflanzungsorgane, Becken, Nieren, Nebennieren, Blase, Blinddarm, unterer Rücken
Gefühle: kreativ, zielstrebig, beschenkt, freudig, lustvoll, sinnlich, körperlich, emotional authentisch
Farbe: Orange
Element: Wasser

3. SOLARPLEXUSCHAKRA/*MANIPURA*
Sitz: Unter dem Herzen, wo sich der Brustkorb teilt
Themen: Antriebsstärke, Identitätsbewusstsein, Gesundheit, innere Überzeugungen und Gedanken, Selbstliebe
Anatomie: Magen, Milz, Nieren, Leber, Gallenblase, Bauchspeicheldrüse, Dünndarm, Verdauungs- und Immunsystem
Gefühle: Selbstliebe, Selbstwertgefühl, Entschlossenheit, Konzentration, Leidenschaft und Motivation
Farbe: Sonnengelb
Element: Feuer

4. HERZCHAKRA/*ANAHATA*

Sitz: Herzhöhlen

Themen: Bedingungslose Liebe (aktiv und passiv), Akzeptanz, Mitgefühl

Anatomie: Herz, Lunge, Brüste, Brust, Brustkorb, oberer Rücken, Blutfluss, Unterarme, Hände

Gefühle: Bedingungslose Liebe, Akzeptanz, Mitgefühl, Empathie, Empfänglichkeit

Farbe: Smaragdgrün

Elemente: alle

5. HALSCHAKRA/*VISHUDDAH*

Sitz: Hals

Themen: Authentischer Selbstausdruck, den eigenen Begabungen folgen

Anatomie: Hals, Schilddrüse, Mund, Zähne, Kiefer, Zahnfleisch, Zunge, Schultern, Oberarme, Ellbogen

Gefühle: Gefühle, die etwas mit der inneren Ausrichtung, der eigenen Begabung, der inneren Wahrheit zu tun haben

Farbe: Knallblau

Elemente: Luft und Wasser

6. DRITTES-AUGE-CHAKRA/*AJNA*

Sitz: zwischen und knapp über den Brauen

Themen: Verbundenheit mit anderen, Empfindsamkeit, Vertrauen und Intuition

Anatomie: Stirn, Augen, Nase, Nebenhöhlen, Gehirn, Hirnanhangdrüse, beherrscht alle Sinne

Gefühle: Alles, was mit Empfindsamkeit, Intuition, Vertrauen, Verbundenheit und Imagination zu tun hat

Farbe: Indigoblau

Elemente: Luft und Geist

7. SCHEITELCHAKRA/*SAHASRARA*

Sitz: Scheitel

Themen: Glaube Spiritualität, Einswerdung und Individualisierung

Anatomie: Haut, Haare, Kopfhaut und das Nervensystem

Gefühle: Das Göttliche wahrnehmen, sich verbunden fühlen, die eigene Einzigartigkeit erkennen und anerkennen

Farbe: Leuchtendes Lila oder Weiß

Element: Geist

SCHEITEL

DRITTES
AUGE

HALS

SOLAR-
PLEXUS

HERZ

SAKRAL

WURZEL

DIE CHAKRAS AUSBALANCIEREN

1. WURZELCHAKRA/*MULADHARA*

Ausbalanciert: Ich bin sicher.
Nicht ausbalanciert: Ich bin in Gefahr.
Zum Ausbalancieren: Euch jeden Tag erden –
die Geborgenheit, Stabilität, Liebe von Mutter
Erde einatmen und euch sagen, dass ihr sicher
und gehalten seid.

2. SAKRALCHAKRA/*SVADISHTHANA*

Ausbalanciert: Ich bin ein kreativer Ausdruck
von Freude und Wohlbefinden.
Nicht ausbalanciert: Ich fühle mich schuldig,
beschämt, kann mich nicht ausdrücken.
Zum Ausbalancieren: Geht nach draußen und
spürt die Fülle der Natur. Spielt danach einen
Lieblingssong, tanzt und lasst die Hüften kreisen.

Da sie für den Sauerstoff
sorgen, von dem wir leben,
aktivieren alle Pflanzen
unser Herzchakra. Sie
tragen dazu bei, dass wir
uns öffnen, bedingungslose
Liebe geben und empfangen
können. Pflanzen aktivieren
auch andere Chakras und
helfen uns, alte Energie
abzubauen und neue zu
empfangen. Mehr Infos
findet ihr bei den jeweiligen
Pflanzen.

3. SOLARPLEXUSCHAKRA/*MANIPURA*

Ausbalanciert: Ich bin es wert, ich liebe mich bedingungslos.
Nicht ausbalanciert: Ich bin meiner Liebe nicht wert.
Zum Ausbalancieren: Stellt euch in die Sonne (oder stellt es euch vor), während
ihr tief in den Unterkörper atmet. Saugt die goldene Wärme der Sonne in euren
Solarplexus und atmet dann so aus, dass die Sonnenenergie euch komplett
durchströmt. Wenn ihr spürt, dass euer Solarplexus voller Energie ist, wiederholt:
»Ich liebe mich bedingungslos, ich bin es wert.«

4. HERZCHAKRA/*ANAHATA*

Ausbalanciert: Ich werde geliebt und liebe.
Nicht ausbalanciert: Ich bin nicht liebenswert, andere auch nicht.
Zum Ausbalancieren: Berührt eine Pflanze. Atmet tief ins Herz und denkt an
jemanden, den ihr liebt. Schickt erst ihm Liebe, dann euch. Visualisiert einen
smaragdgrünen Lichtstrahl bedingungsloser Liebe, der euch ins Herz scheint.

5. HALSCHAKRA/*VISHUDDAH*

Ausbalanciert: Ich kenne meine Wahrheit und spreche sie aus.
Nicht ausbalanciert: Ich habe keine Möglichkeit, mich auszudrücken.
Zum Ausbalancieren: Geht in die Natur und sagt ihr alles, was ihr fühlt und wisst.
Flüstert oder schreibt den Bäumen die Wahrheit. Schreit eure Wut und Freude
in den Wind, singt mit den Vögeln und heult den Mond an.

6. DRITTES-AUGE-CHAKRA/*AJNA*

Ausbalanciert: Ich vertraue auf meine Intuition und darauf, dass ich mit etwas
Größerem verbunden bin.
Nicht ausbalanciert: Ich weiß nicht, wem oder was ich trauen kann.
Zum Ausbalancieren: Sucht euch einen ruhigen Ort mit Blick auf die Natur. Setzt
euch hin und beobachtet 20–30 Minuten nur. Konzentriert euch auf eure At-
mung, kommt zur Ruhe und spürt, wie ihr euch mit eurer Umgebung verbindet.

7. SCHEITELCHAKRA/*SAHASRARA*

Ausbalanciert: Ich weiß, wer ich bin und warum ich hier bin.
Nicht ausbalanciert: Ich fühle mich von allem entfremdet und verloren.
Zum Ausbalancieren: Atmet neben einer Pflanze. Spürt, wie euer Atem die
Pflanze nährt und umgekehrt. Spürt, wie energetische Wurzeln aus euren Füßen
Energie von Mutter Erde aufnehmen, wie Blätter aus eurem Scheitel von Sonne
und Universum mit Lebensenergie versorgt werden. Lernt euch schätzen.

AKTIVIERT EURE MAGIE ☾

+ Atmet im Stehen oder Sitzen mehrmals in den Bauch. Entspannt den gesamten Bauch.
+ Konzentriert euch auf eure Fußsohlen und stellt euch vor, dass glühende Wurzeln tief in die Erde hinabreichen. Stellt euch dann vor, wie ihr euch mit Baumwurzeln, Kristallhöhlen oder unterirdischen Flüssen verbindet. Lasst euch dabei von eurer Imagination und Intuition leiten.
+ Fühlt ihr euch geerdet, atmet tief ein und stellt euch vor, ihr würdet liebevolle Energie von Mutter Erde aufsaugen. Beim Ausatmen spürt ihr, wie die Liebe der Erde euch ganz durchströmt. Zweimal wiederholen.
+ Jetzt konzentriert euch auf das Scheitelchakra. Während ihr tief einatmet, empfangt ihr mit dem ganzen Körper die inspirierenden, liebenden Energien des Kosmos. Vom Scheitel bis zur Sohle leiten. Zweimal wiederholen.
+ Tief weiteratmen, während ihr diese Energie von Mutter Erde und dem Kosmos empfangt. Sie beim Ausatmen durch den ganzen Körper strömen lassen und im Solarplexuschakra sammeln.
+ Noch eine Weile so weiteratmen. Spürt, wie sich der Solarplexus durch liebevolle, lebensbejahende Energie weitet. Eure Magie wird aktiviert!
+ Während ihr weiterhin tief atmet, redet euch liebevoll zu und spürt, wie sich diese magische Energie bis in eure Aura fortsetzt, euch in einen goldenen Lichtkreis hüllt. Ihr seid jetzt magisch auf Mantras, Rituale, Segnungen, Reinigungs- und Energiearbeit vorbereitet.

MAGIE ZUM SEGNEN UND WEITERGEBEN AKTIVIEREN

1. Beginnt stets mit Dankbarkeit. Dankt euren Materialien oder eurer Umgebung, dass sie euch und eure Magie unterstützen.

2. Absolviert sämtliche gegenüber aufgelisteten Schritte und …

3. … reibt ein paarmal die Hände, um die kleineren Chakras in den Handflächen zu öffnen. Die Hände dann auf eure Materialien legen.

4. Stellt euch vor, wie goldenes Licht aus euren Händen strömt, sich auf eure Materialien oder euren Raum mit eurem Vorhaben überträgt. Die Hände dann im Uhrzeigersinn kreisen lassen (sieben ist eine magische Zahl).

MAGIE ZUM REINIGEN UND LÄUTERN AKTIVIEREN

1. Beginnt mit Dankbarkeit für die Unterstützung von euren Materialien (oder eurem Raum).

2. Absolviert sämtliche gegenüber aufgelisteten Schritte und …

3. … stellt euch vor, wie goldenes Licht aus euren Händen strömt, eure Gegenstände oder euren Raum reinigt oder läutert. Die Hände dann im Uhrzeigersinn kreisen lassen, so lange, wie es sich gut für euch anfühlt.

MAGISCHE ACCESSOIRES

Neben Pflanzen und getrockneten Pflanzenmaterialien ist es empfehlenswert, folgende Hilfsmittel und Accessoires anzuschaffen. Sie unterstützen euch dabei, euch auf magische Weise mit der Natur zu verbinden.

KERZEN UND KERZENHALTER:
Ihr könnt alle möglichen Kerzen verwenden, auch wenn ich lieber eigene herstelle, indem ich Bienenwachsblätter um einen Docht rolle. Haushaltskerzen und Teelichte gehen auch. Ihr benötigt auch einen sicheren Kerzenständer oder ein Glasgefäß.

UNVERZICHTBARE WERKZEUGE UND DEKO-OBJEKTE:
Magische Werkzeuge und Deko-Objekte, die die Magie der Elemente heraufbeschwören, sind Federn für Luft, Kerzen und Räucherstäbchen für Feuer, Spiegel und Glas für Wasser und Holz und Kristalle für die Erde. Mehr Beispiele für die Vier Elemente der Natur findet ihr auf S. 13.

ETIKETTEN:
Diese dienen dazu, selbst gemachte Gesichtsmasken, Tinkturen und Körperpeelings zu beschriften. Herstellungsdatum nicht vergessen!

MISCHGEFÄSSE UND/ODER MÖRSER UND STÖSSEL:
Gefäße in allen möglichen Größen sind hilfreich beim Mischen von Kräutertees, Peelings usw. Mörser und Stößel sind ideal, wenn ihr Pflanzenmaterialien zerreiben wollt, um deren Wirkstoffe freizusetzen.

GARTENSCHERE:
Diese am besten zum Ernten und Zurückschneiden von Pflanzen bereithalten.

LUFTDICHT VERSCHLIESSBARE GLÄSER:
Einmachgläser sind immer nützlich – sei es zur Aufbewahrung von getrockneten Kräutern oder zur Anzucht von Pflanzen. Auch praktisch für Tinkturen und Zaubergläser.

FEUERFESTER TOPF ODER KESSEL:
Um gefahrlos Kräuter, Räucherbündel und Notiertes zu verbrennen.

KLEINE STOFFBEUTEL:
Kleine Beutel mit Zugband aus Samt oder Baumwolle sind ideal für die Herstellung von Zauberbeuteln und Traumtaschen.

PFLANZENZUBEHÖR:
Folgende Gegenstände unterstützen euch bei der Pflanzenpflege: Gießkannen, Untersetzer, Sprühflaschen, Bambusstäbe oder Zweige als Stütze, Gartenzwirn, Pflanzenbinder sowie Holzspieße zum Auflockern der Erde.

Sterilisieren: Aufbewahrungsgefäße und Flaschen unbedingt sterilisieren, bevor ihr sie für selbst gemachte Körperpflegeprodukte verwendet, zumal viele aus biologischen Zutaten hergestellt werden und eine Weile halten sollen. Am besten mit sehr heißem Seifenwasser spülen und dann bei niedriger Temperatur im Ofen trocknen. Ihr könnt auch Sterilisierungsmittel oder Tabletten verwenden – Herstellerangaben befolgen.

KRISTALLE

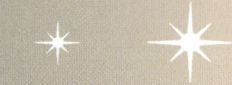

Kristalle sind viel mehr als nur funkelnde Steine. Sie sind mächtige energetische Werkzeuge und Geschenke der Natur. Anders als bei Menschen, deren Energien und Auren sich oft ändern, sind Kristallenergien stabil. Das kann dabei helfen, die eigenen Energien zu aktivieren und auszubalancieren. Kristalle können fokussieren, transformieren, befreien, aktivieren und unsere Energie lenken, unsere Magie verstärken.

ACHAT:
- Erdung, Schutz, Stabilität, Mut
- **CHAKRA**: Wurzel

AMETHYST:
- Intuition, Verbundenheit, Transformation, Loslassen
- **CHAKRAS**: Drittes Auge, Scheitel

APOPHYLLIT:
- Läuterung, Klarheit, Aktivierung, Verbundenheit
- **CHAKRAS**: Drittes Auge, Scheitel

AVENTURIN:
- Inneres Wachstum, Positivität, Erneuerung, Liebe
- **CHAKRAS**: Sakral und Herz

CALCIT:
- Heilung, Verstärkung, Wahrheit, Göttlichkeit
- **CHAKRAS**: Orange: Sakral und Solarplexus; Blau: Hals und Scheitel

CITRIN:
- Wertschätzung, Kreativität, Fülle, Selbstvertrauen
- **CHAKRAS**: Sakral und Solarplexus

COELESTIN:
- Ruhe, Intuition, persönliche Wahrheit, spirituelle Verbundenheit
- **CHAKRAS**: Hals und Scheitel

KARNEOL:
- Leidenschaft, Selbstvertrauen, Kreativität, Lebhaftigkeit
- **CHAKRAS**: Sakral und Solarplexus

KLARER QUARZ:

Verstärkung, Konzentration, Klarheit, Unterstützung

CHAKRAS: alle

LABRADORIT:

Intuition, hellseherische Gaben, Transformation, Vertrauen

CHAKRAS: Sakral, Hals und Drittes Auge

MALACHIT:

Vergebung, Akzeptanz, Willenskraft, Selbstwertgefühl

CHAKRAS: Solarplexus und Herz

PYRIT:

Fülle, Kreativität, Selbstvertrauen, Produktivität

CHAKRAS: Sakral und Solarplexus

RAUCHQUARZ:

Energiereinigung, Erdung, Schutz, Verwandlung

CHAKRAS: Wurzel und Scheitel

REGENBOGENFLUORIT:

Konzentration, Organisation, Klarheit, Zuhören

CHAKRAS: Herz, Hals und Drittes Auge

ROSENQUARZ:

Bedingungslose Liebe, Akzeptanz, Mitgefühl, Empathie

CHAKRA: Herz

SCHWARZER TURMALIN:

Schutz, Revitalisierung, Erdung, Präsenz

CHAKRA: Wurzel

SELENIT:

Erleuchtung, Läuterung, Transformation, Mondmagie

CHAKRAS: Drittes Auge und Scheitel

SODALITH:

Sich einsetzen, innere Wahrheit, Beruhigung, Authentizität

CHAKRA: Hals

DIE
PFLANZEN

✴ ✦ ✴ ✦ ✴

ACHILLEA MILLEF✦LIUM

Schafgarbe

Tragt Schafgarbe
bei euch, um positive
Menschen oder
Liebesobjekte
anzuziehen.

KRISTALLE: Achat, Amethyst,
Aquamarin, Calcit, Coelestit, Citrin,
Labradorit, Tigerauge, Rauchquarz
BEHERRSCHT VON: Wasser
CHAKRAS: alle

Anziehungskraft,
Grenzen,
Kommunikation, Mut,
Heilung, Intuition,
Liebe, Partnerschaft,
Schutz

Egal, wo sie wächst: Schafgarbe ist ein mächtiges Heilkraut für Körper und Geist, eine widerstandsfähige Pflanze mit fedrigen, farnähnlichen Blättern und dicht gruppierten kleinen Blüten.

Auf Lateinisch heißt Schafgarbe *Achillea*: Der berühmte altgriechische Krieger Achill soll sie in Schlachten benutzt haben, um die Wunden seiner Soldaten zu heilen.

Schafgarbe hat nicht nur magische Heilkräfte, sondern schützt auch vor Negativität. Gleichzeitig zieht sie liebevolle Beziehungen an. Amerikanische Ureinwohner:innen haben sie oft in Türrahmen gehängt, damit nichts Böses über die Schwelle kommt. Sie stärkt unsere Intuition und macht Mut, hilft uns, authentisch zu kommunizieren. Macht euch eine Tasse Schafgarbenblättertee, um eure Intuition und Ausdrucksfähigkeit zu stimulieren. In England und Irland wurde die Scharfgarbe häufig benutzt, um Freundschaft und Liebe zu fördern. Es war Brauch, einen Strauß Schafgarbe über das Ehebett frisch Vermählter zu hängen, um die Verbindung zu segnen.

Die Energie der Schafgarbe ist geduldig, beschützend, heilsam und weise. Sie hilft uns, Neues zu schaffen und Grenzen zu wahren, die uns und unsere Energie stabil halten. So fühlen wir uns sicher genug, um lieben und Selbstvertrauen haben zu können. Die Schafgarbe weiß, dass seelische Wunden am besten heilen, wenn wir uns selbst Liebe und Mitgefühl entgegenbringen. Indem wir uns erden, schützt uns die Schafgarbe davor, uns in nie endender Selbstoptimierung zu verlieren.

Die selbstbewusste, unabhängige Schafgarbe lehrt uns, dass es nichts Heilsameres gibt, als unser einzigartiges Leben wahrhaft zu leben.

PFLEGE:
Sie bevorzugt helles bis moderates Sonnenlicht, staunässefreie Erde und ein gemäßigtes Klima.

AGLAONEMA

Kolbenfaden

In die vordere rechte Ecke der Wohnung oder des Zimmers stellen, um hilfreiche Menschen und Freundschaften anzuziehen.

KRISTALLE: Karneol, Citrin, Malachit, Pyrit, Roter Jaspis, Gelber Jaspis
BEHERRSCHT VON: Wasser
CHAKRAS: Wurzel, Sakral, Solarplexus, Herz

Freundschaft, Unabhängigkeit, Loyalität, Glück, Frieden, Wohlstand, Stabilität, Unterstützung

Der wissenschaftliche Name vom Kolbenfaden lautet *Aglaonema*, Griechisch für »glänzender Faden« wegen ihrer prächtig gemusterten Blätter.

Wenn wir unser Zuhause und unseren Arbeitsplatz mit Blattpflanzen wie dem Kolbenfaden schmücken, steigert das die Entspannung, Kreativität und Produktivität. Gleichzeitig werden Stress, Sorgen und Depressionen abgebaut. Aufgrund der vielen Sauerstoff produzierenden Blätter ist der Kolbenfaden auch bestens fürs Schlafzimmer geeignet.

Wegen seiner Fähigkeit, Wohlstand und Glück anzuziehen, ist der Kolbenfaden ein ideales Mitbringsel zum Einzug. Er steht auch für Loyalität und Stabilität, weshalb man ihn oft frisch Verheirateten schenkt. Die Pflanze ist hervorragend für Anfänger:innen geeignet, da sie wenig Pflege braucht und so das Selbstbewusstsein stärkt.

Im Haus unterstützen die schönen Blätter des Kolbenfadens unsere energetische Ausgeglichenheit. Sie helfen uns, positiver, präsenter zu werden. Die empfängliche Yin-Energie der Pflanze fühlt sich an wie die Umarmung der besten Freundin. Sie ist liebevoll und für uns da, wenn uns alles zu viel wird, wenn wir ängstlich sind. Dann gibt sie uns das Gefühl von Liebe und Geborgenheit. Stellt euch zu der Pflanze, wenn ihr ängstlich oder überfordert seid, achtet darauf, wie ihre Aura euch liebevoll einhüllt.

Der Kolbenfaden ermutigt uns, auf unsere Art zu strahlen, genau wie seine gemusterten Blätter – wohlwissend, dass wir dann auch die Menschen um uns herum zum Strahlen bringen.

PFLEGE:
Sorgt für moderates, indirektes Sonnenlicht und gießt ordentlich, wenn die obersten zwei bis drei Zentimeter Erde trocken sind.

ALOCASIA

Pfeilblatt

Am Arbeitsplatz auf-
stellen, um Kreativität
und Selbstvertrauen
zu stärken.

KRISTALLE: Apatit, Aquamarin,
Calcit, Klarer Quarz, Halit,
Jade, Rosenquarz, Sodalit
BEHERRSCHT VON: Wasser
CHAKRAS: Sakral, Solarplexus,
Herz, Hals

Aktion, Kreativität,
Mut, Selbstliebe,
Wahrhaftigkeit

Die Blätter des Pfeilblatts sind wahre Kunstwerke, sie entrollen sich zu einer eleganten, gemusterten Herzform. So gesehen, machen Pflanzen der Gattung *Alocasia* immer etwas her und ermutigen uns, es ihnen gleichzutun.

Auf magische Weise verstärkt das Pfeilblatt Kreativität, Mut, Selbst- und Wahrheitsliebe. Es unterstützt die Meditation und kreative Projekte, außerdem hilft es, Zugang zum Unterbewusstsein und zu unseren Träumen zu finden.

Im Schlafzimmer sorgt es für bessere Nachtruhe und lebhaftere Träume. Am Schreibtisch schenkt es jede Menge Kreativität und Motivation. Dekoriert das Bad damit, um Glaubenssätze zu stärken, die erhöhte Luftfeuchtigkeit lässt es gedeihen.

Das Pfeilblatt besitzt sowohl heilsame Yin- als auch anregende Yang-Energie. Die fühlt sich an wie wunderschöne Musik ohne Worte. Ein jedes Blatt stimmt in den Chor der anderen Blätter mit ein. Es verbindet uns intensiv mit unserem Sakral-, Solarplexus-, Herz- und Halschakra, hilft uns, kreativ und aktiv zu werden, gespeist von unserer größten, aufrichtigsten Liebe.

Mit seinen ausdrucksstarken, aufwärts strebenden Blättern erinnert uns das Pfeilblatt daran, nach einer übergeordneten Perspektive zu streben, vor allem vor persönlichen Herausforderungen.

PFLEGE:
Es mag feuchtwarme, tropische Bedingungen und wenig bis moderates indirektes Licht. Zur Sonne drehen, damit es nicht schief wächst.

ALOE VERA

Zum Schutz neben Türen und Fenster stellen, auch in die Küche für Heilung und ein langes Leben.

KRISTALLE: Achat, Calcit, Karneol, Klarer Quarz, Jade, Mondstein, Rhodonit, Rauchquarz
BEHERRSCHT VON: Wasser
CHAKRAS: Wurzel, Solarplexus, Herz, Scheitel

Schönheit, Heilung, Langlebigkeit, Schutz, Unterstützung, Wertschätzung

Die Schutz-, Heil- und Schönheitsmagie der Aloe vera ist schon seit Langem weltweit bekannt. Im alten Ägypten wurde die Aloe vera »Pflanze der Unsterblichkeit« genannt. Aloe vera ist sehr widerstands- und anpassungsfähig, ihre skulpturalen Sukkulentenblätter enthalten machtvolle Magie und Medizin.

Aloe vera beruhigt und heilt Brandwunden. Ihr Gel strafft, stimuliert und befeuchtet die Haut. Es kann auch das Haar mit Feuchtigkeit versorgen. Aloe vera enthält jede Menge Vitamine, Mineralien, Aminosäuren und Antioxidantien, die den Heilungsprozess befördern.

Magisch gesehen, wird die Aloe vera von Wasser beherrscht, das merkt man auch daran, dass ihr Gel angenehm kühlt. Sie hat jede Menge Yang-Energie, deshalb eignet sie sich hervorragend für aktive Orte wie Eingangsbereiche, Büros, Küchen, Bäder, Spielzimmer und andere Treffpunkte. Sie ist eine Pflanze, die für Glück und Fülle steht, sodass die Aloe vera Hilfe, Heilung und Langlebigkeit, aber auch Schutz bietet.

Energetisch sorgen die kräftigen Wurzeln der Aloe vera für eine starke Erdung.

Die Aloe vera weiß, dass wir dann am schönsten sind, wenn wir auf unsere Weise wachsen. Sie erinnert uns daran, dass wir bereits alles haben, was wir dafür brauchen.

PFLEGE:
Sorgt für moderates, indirektes Sonnenlicht und gießt gründlich, wenn die obersten zwei bis drei Zentimeter Erde trocken sind.

RITUAL

ALOE-VERA-
SCHÖNHEITS-
MASKE

Es ist ganz einfach und gar nicht teuer, eine Aloe vera-
Gesichtsmaske selber herzustellen. Der »Zaubertrank«, um eure
natürliche Schönheit weithin strahlen zu lassen.

IHR BRAUCHT

2 EL Aloe-vera-Gel
(frisch oder gekauft)

1 EL Trägeröl, z.B. Hagebut-
ten- oder Aprikosenkernöl

Wer mag: ¼ TL gemahlene
Kurkuma, um die Haut
noch mehr strahlen zu
lassen: für noch mehr
Schutz-, Läuterungs- und
Langlebigkeitsenergie

Nach Belieben: 2 Tropfen
ätherisches Weihrauchöl,
um die Haut zu glätten und
die spirituelle Verbundenheit zu aktivieren

Mischgefäß

Blender oder Handmixer

SO STELLT IHR DIE MASKE HER

+ Legt die Materialien bereit, aktiviert eure
  Magie (s. S. 20) und segnet eure Zutaten.
+ Vermengt alle Zutaten in einer Schale, dankt
  ihnen für ihre Heilkraft und Magie.
+ Alles siebenmal im Uhrzeigersinn verrühren
  und dabei die weiche, glatte Haut eurer
  Träume visualisieren.
+ Alles mit einem Blender oder Handmixer
  vermischen.

SO BENUTZT IHR DIE MASKE

+ Tragt die Maske auf Gesicht und Hals auf.
  Richtet dabei liebevolle Worte an euch,
  an eure Haut und an euer wunderschönes
  Gesicht.
+ Lasst die Maske mindestens 15–20 Minuten
  einwirken.
+ Mit Wasser abnehmen, die Haut trocken tup-
  fen und das Gefühl von verwöhnter Haut und
  gehobenem Selbstwertgefühl genießen. Zum
  Schluss noch ein wenig Gesichtsöl auftragen,
  um die frisch versorgte Haut zu schützen.

BORAGO OFFICINALIS

Borretsch

Im Norden des Gartens pflanzen, um das Element Luft zu ehren.

KRISTALLE: Apatit, Apophyllit, Amethyst, Calcit, Coelestit, Fuchsit, Fluorit, Sodalit
BEHERRSCHT VON: Luft
CHAKRAS: Solarplexus, Herz, Hals, Drittes Auge

Verkörperung, Harmonie, Intuition, Magnetismus, Selbstakzeptanz, Stressreduktion

Mit flaumigen Blättern und sternförmigen, lebhaft blauvioletten Blüten lockt Borretsch Bienen und Schmetterlinge an und somit, was er braucht, um zu gedeihen.

Bis auf seine Wurzeln besitzt alles am Borretsch Heilkraft. Die stacheligen Blätter der Pflanze unterstützen die Nebennieren, bekämpfen Stress und Entzündungen. Die glockenförmigen Blüten lindern Fieber und Depressionen. Blätter und Blüten beruhigen das Nervensystem, vor allem wenn ihr zum Grübeln neigt.

Magisch gesehen, hält Borretsch Gedankenkarussells an. Die Pflanze sorgt für Ruhe, sodass wir unsere innere Stimme hören können. Die Pflanze ermutigt uns, Erwartungen loszulassen, mit denen wir uns bloß unter Druck setzen. Borretsch weiß, dass wir uns nur auf unsere innere Stimme verlassen dürfen, wenn wir geistig zur Ruhe kommen wollen. Weil die Pflanze unsere Intuition stärkt, ist sie ideal für Meditationen, Wahrsagerei und das Ehren unserer Vorfahren.

Borretsch hat gut ausbalancierte Yin- und Yang-Energien, gleicht die Energie zwischen Drittes-Auge- und Halschakra aus, holt uns bei zu starker Verkopfung in den Körper zurück. Borretsch weiß: Nur wenn wir auf die Weisheit unseres Körpers hören, können wir sein, wer wir wirklich sind.

Beruhigend und ermutigend, unabhängig und ausdrucksstark: Borretsch lehrt uns, auf unseren Körper zu hören, unser wahres Selbst zu erkennen.

PFLEGE:
Bevorzugt vollen bis teilweisen Schatten und staunässefreien Boden.

CACTACEAE/KAKTUS

Im Eingangsbereich aufstellen, um unerwünschte Energien draußen zu halten.

KRISTALLE: Achat, Schwarzer Turmalin, Malachit, Obsidian, Peridot, Perit, Rauchquarz, Sonnenstein
BEHERRSCHT VON: Feuer
CHAKRAS: Wurzel, Solarplexus, Herz, Scheitel

Authentizität, Grenzen, Energetisierung, Konzentration, Heilung, Schutz, Selbstakzeptanz, Stärke

Der Kaktus, ein Überlebenskünstler durch und durch, ist der Extremsportler unter den Pflanzen. Er gedeiht selbst unter unwirtlichsten Bedingungen, trotzt Dürre, Flut und extremen Temperaturen, seien sie nun kochend heiß oder bitterkalt. Obwohl er und seine Umgebung so hart sind, hat der Kaktus auch eine weiche, sanfte, nährende Seite, wie man an seinen sinnlichen Blüten erkennen kann.

Da er Abstand gebietet, schützt und unterstützt der Kaktus. Einige Arten wie der Feigenkaktus besitzen essbare und medizinisch nutzbare Blattsprossen und Früchte, die nur so strotzen vor Antioxidantien und antiviralen Eigenschaften. Der Kaktus ist außerdem innovativ, der Saft des Feigenkaktus wird derzeit zu einer ungiftigen, umweltfreundlichen und biologisch abbaubaren Plastikalternative entwickelt.

Magisch gesehen, ist der Kaktus beschützend und heilsam, er fördert unsere Selbstakzeptanz und seelische Entwicklung. Er hilft, Grenzen zu setzen, schenkt uns die Kraft und Struktur, die wir brauchen, um schädliche Angewohnheiten abzulegen. Der Kaktus hat auch die Macht, unerwünschte Barrieren abzubauen – solche, die uns in unseren Möglichkeiten einschränken.

Energetisch enthält der Kaktus viel Yang-Energie. Diese aktive, zielgerichtete Energie lässt sich in konzentrationsintensiven Bereichen unseres Zuhauses einsetzen: in Büros, Studios und am Arbeitsplatz. Bitte keine Kakteen ins Schlafzimmer stellen, ihre aktive Energie kann die Ruhe stören. Neben Konzentration schenkt der Kaktus auch ein Gefühl von Selbstfürsorge und Ermutigung, bringt uns dazu, immer weiter zu wachsen.

Wie seine sinnlichen Blüten, die nach und nach aus seinem dornigen Rumpf sprießen, hält der Kaktus Raum für unsere Entfaltung bereit. Er hilft uns aufzublühen – auf unsere Art und in unserem Tempo.

PFLEGE:
Er bevorzugt moderates bis helles Sonnenlicht, nur gießen, wenn die Erde trocken ist.

CHAMAEMELUM NOBILE

✴ ODER MATRICARIA CHAMOMILIA ✴

Kamille

Eine getrocknete Kamillenblüte in Handtasche oder Geldbeutel stecken, um Wohlstand und Glück anzuziehen.

KRISTALLE: Aventurin, Apophyllit, Citrin, Karneol, Grüner Quarz, Howlit, Peridot
BEHERRSCHT VON: Wasser
CHAKRAS: Sakral, Solarplexus, Herz, Scheitel

Kindermagie, Heilung, Glück, Selbstfürsorge, Geduld, Frieden, Positivität, Wohlstand

Wie ihre fröhlichen, gänseblümchenähnlichen Blüten hellt Kamille das Leben aller auf, die mit ihr in Berührung kommen. Sie hat etwas Nährendes, Tröstliches, verbreitet Optimismus und Sonnenschein. Kamille ist für ihre entspannende Wirkung bekannt – Kamillentee lindert Stress und sorgt für innere Ruhe.

Kamille ist eng mit Kindern und der Magie ihrer Kreativität und Begeisterung verbunden. Sie ist auch ein wunderbares Heilkraut für diejenigen, die mit Wut und Ungeduld zu kämpfen haben. Kamille ruft Ruhe, Frieden und wahrhaftige Interaktionen hervor. Sie zieht das Glück an, hilft, negative Energien wie Stress und Enttäuschungen loszuwerden, die das Glück fernhalten.

Kamille enthält vor allem heilsame Yin-Energie, trotz ihrer engen Verbindung zur Sonne, dem Inbegriff von Yang-Energie. Kamille zügelt die Kraft der Sonne und vermischt sich mit der kühlenden, flüssigen Energie des Elements, das sie beherrscht: Wasser. Dadurch ruft sie ein Gefühl von Inspiration und Verjüngung hervor. Fällt es euch schwer, abends runterzukommen? Fühlt ihr euch überfordert und gestresst, weil ihr so viel erledigen müsst? Nehmt euch einen Moment Zeit für eine Tasse Kamillentee. Einfach nur durchatmen, Tee trinken und spüren, wie der Stress verfliegt.

Eine sanfte Medizin und eine aufmunternde Freundin: Kamille schenkt Liebe und erinnert uns daran, selbst freigiebig mit Liebe umzugehen.

PFLEGE:
Sie bevorzugt moderates bis helles Sonnenlicht und staunässefreie Erde.

✦ CHRYSANTHEMUM ✦

Im Herbst eine
Chrysantheme neben
die Haustür stellen,
um die Jahreszeit zu
ehren und positive
Energien anzuziehen.

KRISTALLE: Amethyst, Apophyllit,
Citrin, Klarer Quarz, Fluorit, Grüner
Quarz, Malachit, Opal, Pyrit, Sodalit
BEHERRSCHT VON: Feuer
CHAKRAS: Solarplexus, Herz,
Hals, Drittes Auge

Klarheit, Gemein-
schaft, Heilung,
Erleuchtung, Lang-
lebigkeit, Optimis-
mus, Verspieltheit,
Schutz, Läuterung

Chrysanthemum, auf Altgriechisch »goldene Blume«, verkörpert die Farben und Energien goldener Sonnenstrahlen. Es steht in Verbindung mit dem Herbst – farblich, aber auch wegen seiner Hellsichtigkeit, wenn die Natur ihre Vergangenheit ablegt. Selbstbewusst und liebevoll erinnert es uns daran, dass Wandel unausweichlich ist und jede Jahreszeit umarmt sein will.

Obwohl beherrscht von Sonne und Feuer, hat *Chrysanthemum* eine kühlende Wirkung auf den Körper. Die getrockneten Blüten der vor über 3000 Jahren in China gezüchteten Pflanze sind in der Traditionellen Chinesischen Medizin ein gern genutztes Arzneimittel gegen Beschwerden, die Augen und Knochen, Bluthochdruck und Erkältungen betreffen.

Magisch gesehen, wurde die Chrysantheme lange zum Schutz, zur Erleuchtung und Heilung benutzt. Die Griech:innen trugen Chrysanthemengirlanden, um sich vor bösen Geistern zu schützen; in Europa schmückte man Altäre damit, um die Vorfahren und den Herbst zu ehren; und in China stellte man Tees aus ihren Blüten her. Diese lassen sich leicht trocknen und Kerzen, Tees und losen Räuchermischungen hinzufügen.

Energetisch beeinflusst *Chrysanthemum* Dritte-Auge-, Hals-, Herz- und Solarplexuschakra. Es hilft uns, Klarheit zu erlangen, unsere Wahrheit, unsere Intention und unseren Wert zu erkennen. Es weiß, dass wir erst lernen müssen, die Veränderungen anzunehmen, die das Leben mit sich bringt. Die in Büscheln wachsende Pflanze hat einen starken Gemeinschaftssinn, sie erinnert uns daran, dass wir uns aneinander freuen sollten – so unterschiedlich wir auch sein mögen.

Das hochenergetische, aufbauende *Chrysanthemum*, auch weil es blüht, wenn die meisten anderen Pflanzen ihre Blüten abwerfen, erinnert uns daran, dem Leben freudvoll entgegenzusehen – wohl wissend, dass wir alle einzigartige Teile eines großen Ganzen sind.

 PFLEGE:
Chrysanthemum *bevorzugt die pralle Sonne und häufiges Gießen.*

CITRUS LIMON

Zitrone

Eine halbe Zitrone auf einem Salzbett überall dort aufstellen, wo ihr negative Energien vertreiben wollt.

KRISTALLE: Apophyllit, Karneol, Citrin, Klarer Quarz, Malachit, Pyrit, Selenit, Sonnenstein, Gelber Jaspis
BEHERRSCHT VON: Wasser, Feuer
CHAKRAS: Wurzel, Sakral, Solarplexus, Herz, Scheitel

Anziehungskraft, Energetisierung, Glück, Heilung, Langlebigkeit, Liebe, Schutz, Läuterung, Stimmungsaufhellung

Mit seinen Früchten, die mit der Sonne um die Wette strahlen, energetisiert, erleuchtet und heilt ein Zitronenbaum. Zitronensaft und die ätherischen Öle in Schale und Blättern entfalten viele Heilkräfte. Die Vitamin-C-haltige Zitrone unterstützt das Immunsystem und hilft unserem Körper, Infektionen wie Husten und Erkältungen zu bekämpfen. Ein Glas warmes Zitronenwasser morgens auf nüchternen Magen sorgt für eine gesunde Verdauung.

Magisch gesehen, verbindet man die Zitrone mit Heilung, Positivität, Läuterung, Glück und Liebe. Auch in der Küche kann ihre Magie vielfältig eingesetzt werden, zum Beispiel für Reinigungsmittel und Tees oder indem ihr damit kocht und backt. Dünn geschnittene Zitronenscheiben und Zitronenblätter lassen sich in einem feuerfesten Topf zum Köcheln bringen oder trocknen. In einem Potpourri sorgen diese für gute Schwingungen und einen stimmungsaufhellenden Duft.

In wärmerem Klima blüht die Zitrone das ganze Jahr und trägt auch das ganze Jahr Früchte. Sie fördert Langlebigkeit und Fülle. Energetisch ist sie reich an motivierender Yang-Energie, sie lässt den Funken überspringen, der uns zum Handeln bringt. Ihre Yin-Energie hingegen öffnet unser Herzchakra, hilft uns dabei, positive Energie von Mutter Natur anzunehmen. Die Zitrone bringt auch unser Solarplexuschakra ins Gleichgewicht, inspiriert uns energetisch, Kontakt zu unserer inneren Sonne sowie zum Feuer unserer Selbstliebe aufzunehmen.

Mit ihrem Duft und ihrer Üppigkeit erinnert uns die Zitrone daran, dass eine ewige Flamme in uns brennt. Wenn wir sie nähren, strahlen wir und führen ein wunderbares Leben.

PFLEGE:
Sie bevorzugt die pralle Sonne und staunässefreien Boden.

ZITRONEN-MORGENRITUAL
✴ FÜR ENERGIE ✴

Beginnt den Tag mit einem Glas warmem Zitronenwasser, um die Vitalität von Körper, Geist und Energie zu fördern. Bei diesem magischen Ritual reichert ihr euer morgendliches Zitronenwasser mit den hilfreichen Energien der Himmelsrichtungen, Elemente und eurer eigenen Präsenz an.

IHR BRAUCHT

½ Zitrone

Ein großes Glas/einen großen Becher

Warmes Trinkwasser

Einen Ort im Freien oder im Haus, an dem ihr die Sonne auf eurer Haut spüren oder sie euch vorstellen könnt

AUSFÜHRUNG DES RITUALS

+ Sucht eure Materialien zusammen, aktiviert eure Magie (s. S. 20) und segnet die Zutaten.
+ Presst den Saft einer Zitrone in das Glas/den Becher und gebt Wasser dazu. Geht zu dem gewählten Ort und macht euch die Himmelsrichtungen klar.
+ Haltet das Zitronenwasser auf Herzhöhe, während ihr Energie in den Boden unter euren Füßen und in den Kosmos über euch schickt.
+ Spürt, wie sich eure Energie voller Liebe und Dankbarkeit ausbreitet, während ihr die Sonne, die Erde, den Kosmos und das Zitronenwasser in euch aufnehmt.
+ Wendet euch nach Osten, ruft die Energie des Ostens ab, die der aufgehenden Sonne, des Neuanfangs und des Elements Feuer. Dankt dem Osten und dem Feuer außerhalb und innerhalb von euch, dass sie eure Leidenschaft entfachen und eure Neuanfänge segnen. Nippt dankbar am Zitronenwasser.
+ Wendet euch nach Süden, ruft die Energie des Südens ab, den Halt unter euren Füßen durch das Element Erde. Dankt dem Süden und der Erde außerhalb und innerhalb von euch, dass sie euch bedingungslos lieben. Nippt dankbar am Zitronenwasser.
+ Wendet euch nach Westen, ruft die Energie des Westens ab, den Fluss und die Essenz eurer Gefühle und des Elements Wasser. Dankt dem Westen und dem Wasser, außerhalb und innerhalb von euch für frei fließende Authentizität, Intuition und Klarheit. Nippt dankbar am Zitronenwasser.
+ Wendet euch nach Norden, ruft die Energie des Nordens ab, die Kraft eurer Atmung, eurer Gedanken und des Elements Luft. Dankt dem Norden und der Luft außerhalb und innerhalb von euch für ihre Transformations- und Inspirationskraft. Nippt dankbar am Zitronenwasser.
+ Haltet das Zitronenwasser auf Brusthöhe, nehmt die grüne Energie der Erde über die Fußsohlen und die goldene Energie des Kosmos über den Scheitel auf. Lasst zu, dass sich die Energien im Solarplexuschakra sammeln, euren ganzen Körper und eure Aura mit strahlendem Licht füllen.
+ Spürt große Dankbarkeit und Liebe, nehmt noch einen Schluck Zitronenwasser. Trinkt es aus und beginnt den Tag – geerdet, geliebt und energetisiert.

CRASSULA OVATA

Geldbaum

Für finanziellen Wohlstand einen Geldbaum neben die Haustür sowie in die hintere linke Ecke eures Zuhauses stellen.

KRISTALLE: Aventurin, Citrin, Klarer Quarz, Grüner Quarz, Jade, Malachit, Pyrit, Rosenquarz
BEHERRSCHT VON: Wasser
CHAKRAS: Wurzel, Sakral, Solarplexus, Herz

Überfluss, Akzeptanz, Kreativität, Leichtigkeit, Freundschaft, Langlebigkeit, Glück, Wohlstand

Mit ihren glänzenden, grünen, dicken Blättern schenken Geldbäume ein Gefühl von Trost, Kreativität, Leichtigkeit und Zugehörigkeit. Geldbäume sind unabhängig, anpassungsfähig und resilient. Als Sukkulenten speichern sie Wasser in ihren Blättern, sodass sie lange mit nur wenig oder keinem Wasser auskommen können. Ihre weichen, biegsamen, segmentierten Äste brechen leicht, fallen zu Boden und schlagen dort Wurzeln, um problemlos zu neuen Pflanzen heranzuwachsen.

Magisch gesehen, sind Geldbäume mit Überfluss, Kreativität, Wohlstand, Leichtigkeit, Freundschaft und Liebe verbunden. Sie sind auch mächtige Pflanzen, wenn ihr euch mit euren Ahnen verbinden wollt, da sie aufgrund ihrer Langlebigkeit über Generationen hinweg vererbt werden.

Die verjüngenden Yin-Energien der gerundeten Geldbaumblätter werden von aktiven Yang-Energien in ihren dicken, aber beweglichen Ästen ausbalanciert. Diese energetische Ausgewogenheit sorgt auch bei uns für Ausgeglichenheit. Die Energie der Geldbäume fühlt sich an wie eine Herzensfreundschaft – wie Freund:innen, die immer da sind, um euch aufzubauen und euch bewusst zu machen, wie stark und anpassungsfähig ihr seid. Geldbäume erinnern euch auch daran, zu spielen, zu kreieren und Spaß im Leben zu haben.

Geldbäume lassen uns begreifen, dass das Glück überall zu finden ist, sobald wir die Kraft haben, auch das an uns zu akzeptieren und zu lieben, was sich nicht gut anfühlt.

PFLEGE:
Sorgt für helles bis moderates indirektes Licht und gießt gründlich, wenn die Erde trocken ist.

FENG-SHUI

MIT DEM

GELDBAUM

Laut der alten chinesischen Philosophie und Harmonielehre Feng-Shui sind Geldbäume ideal, um Glück und Wohlstand anzuziehen. Feng-Shui befasst sich mit den Energieflüssen um uns herum und durch uns hindurch, damit wir durch die richtige Einrichtung in energetischer Harmonie mit der Natur leben können. Das sogenannte Kompass-Bagua hilft uns dabei, die Bereiche in unserem Zuhause und an unserem Arbeitsplatz auszumachen, die bestimmten Lebensthemen entsprechen und unsere Beziehungen, unsere Gesundheit, unseren Erfolg, ja noch viel mehr beeinflussen. In mehrstöckigen Häusern/ Wohnungen markiert der oberste Treppenabsatz bzw. der Zugang zum nächsten Stockwerk ein neues Kompass-Bagua. Feng-Shui hilft uns, Geldbäume (und andere Pflanzen) an ganz bestimmten Orten bewusst einzusetzen, um positive Energie in bestimmte Lebensbereiche zu leiten.

FÜLLE & WOHLSTAND	RUHM & REPUTATION	LIEBE & BEZIEHUNGEN
Citrin, Pyrit	Granat, Citrin	Rosenquarz, Malachit
FAMILIE & GEMEINSCHAFT	GESUNDHEIT & WOHLBEFINDEN	KREATIVITÄT & KINDER
Grüner Quarz, Aventurin	Türkis, Obsidian	Auraquarz, Achat
WEISHEIT & WISSEN	KARRIERE & SINN DES LEBENS	HILFREICHE MENSCHEN & REISEN
Amethyst, Klarer Quarz	Tigerauge, Pyrit	Fluorit, Apophyllit

Eingangsbereich

AUSFÜHRUNG DES RITUALS

+ Identifiziert mithilfe eines Kompass-Bagua die Orte, an denen ihr euch die positiven Energien der Geldbäume wünscht. Nicht vergessen: Geldbäume bevorzugen helles bis moderates Sonnenlicht.
+ Reinigt den Bereich körperlich wie energetisch. Mistet aus, staubt ab und wischt. Aktiviert eure Magie (s. S. 20) und reinigt und läutert den Bereich energetisch.
+ Nehmt den Geldbaum in die Hand und atmet tief durch, während ihr euch energetisch mit ihm verbindet. Denkt an die Energien, die ihr anziehen wollt, und ladet euren Geldbaum damit auf.
+ Seid dankbar für die Pflanze und stellt sie an ihren neuen Ort.
+ Nehmt die Kristalle in die Hand und stellt euch vor, dass goldenes Licht aus euren Handflächen kommt und die Steine auflädt. Spürt die Wärme und das Strahlen eurer Hände, während ihr hineinatmet. Legt die Kristalle zur Pflanze.
+ Wenn ihr euren Geldbaum gießt und pflegt, dankt ihm jedes Mal für die Energien, die er in euer Zuhause bringt.

CRATAEGUS

Weißdorn

Euer Zuhause
von außen mit
Weißdornzweigen
schmücken,
um Positivität
anzuziehen.

KRISTALLE: Achat, Calcit, Lapislazuli,
Malachit, Obsidian, Peridot,
Rosenquarz, Selenit
BEHERRSCHT VON: Feuer
CHAKRAS: Wurzel, Solarplexus,
Herz, Scheitel

Akzeptanz,
Heilung, herzöffnend,
Hoffnung, Liebe,
Positivität, Schutz

Im Spätfrühling bedecken weiße Blüten die dornigen Zweige des Weißdorn, sie stehen für Transformation und Heilung. Im Herbst werden sie von roten Beeren abgelöst. Andere traditionelle Namen sind Hagedorn, Christdorn, Zaundorn.

Mit seinen dornigen Zweigen schützt der Weißdorn vor Negativität, verschenkt aber auch großzügig seine herzzentrierte Heil-, Glücks- und Liebesmagie. Die ist uralt, mystisch und sanft. Weißdornblüten lassen sich für einen Zauber nutzen, der Glück und ein offenes Herz befördern soll. Wie Eiche und Esche ist der Weißdorn für Feen heilig. Aus diesem Grund sind Zauberstäbe aus Weißdornholz besonders mächtig. Umgekehrt soll es Unglück bringen, einen Weißdorn zu fällen oder Zweige ins Haus zu holen.

Die Pilgerväter, die von England nach Amerika aufbrachen, nannten ihr Schiff nicht umsonst »Mayflower«, der englische Name für Weißdorn, schließlich steht er für Hoffnung und Schutz. Voll aktiver Yang-Energie, aber behutsam, was seinen Einfluss auf unsere Energien anbelangt, reinigt der Weißdorn das Herz und öffnet es, befreit es von Blockaden aufgrund früherer Enttäuschungen. Seine Weisheit und seine Lehren entsprechen seinem Äußeren, das sowohl Dornen als auch Blüten zu bieten hat.

Weißdorn weiß, dass Freude und Schmerz möglich sind, wenn wir unsere Herzen öffnen: Entzücken und Frust, Liebe und Traurigkeit. Er erinnert uns daran, wie wichtig es ist, alle diese Gefühle zu empfinden, mit einem offenen Herzen zu leben.

PFLEGE:
Er bevorzugt die pralle Sonne und einen staunässefreien, aber feuchten Boden.

DRACAENA

✴ *Drachenbaum* ✴

Im Büro
motiviert er und
bringt Erfolg.

KRISTALLE: Aventurin,
Achat, Citrin, Herkimer-
Diamant, Jade, Lepidolit,
Magnetit, roter Jaspis
BEHERRSCHT VON:
Feuer
CHAKRAS: Wurzel,
Solarplexus, Herz, Hals

Handlungsorientiert,
ehrgeizig, unabhängig,
inspirierend,
magnetisch, motivierend,
schützend, läuternd

Dracaena, das bedeutet »weiblicher Drache« auf Griechisch, und mit seinen breit aufgefächerten Blättern, die aus einem segmentierten Stamm sprießen, wird der Drachenbaum seinem Namen mehr als gerecht. Schneidet man hinein, strömt ein energiereicher dunkelroter Saft namens Drachenblut heraus.

Die *Dracaena* ist mit Drachen sowie mit der motivierenden, selbstbewussten Energie von Feuer verbunden. Die kann genutzt werden, um Kräfte, aber auch energetische Grenzen zu vervielfältigen. Sie hilft uns, ein gutes Selbstwertgefühl und Erfolg anzuziehen. Verbindet euch mit eurer *Dracaena*, meditiert mit ihr. Lasst zu, dass sie euch Selbstvertrauen schenkt und die Motivation, euren Träumen zu folgen.

Die energetische Essenz der *Dracaena* ist Yang-Energie – göttlich ausgerichtete Motivation und Aktion durch und durch. Sie konzentriert ihre Energie auf das, was sie will, und erlaubt keinerlei Ablenkung. Sie schützt, läutert, inspiriert und energetisiert. Sie ist die optimale Pflanze für Arbeits- und kreative Bereiche und wünscht sich nichts sehnlicher als euren Erfolg.

Um euch mit der vibrierenden Energie der *Dracaena* zu verbinden, atmet mehrmals tief ein, reibt kurz die Hände, um die kleinen Chakras in den Handflächen zu aktivieren. Jetzt bringt die Hände wenige Zentimeter vor eure *Dracaena* und spürt die Aura der Pflanze. Die kann sich anfühlen wie eine kühle Brise, ein Prickeln in euren Handflächen, aber auch ganz anders. Bittet die *Dracaena*, ihre Vision von Erfolg mit euch zu teilen. Egal, was ihr empfindet: Spürt intensiv hin, während ihr gemeinsam mit der *Dracaena* tief einatmet.

Weil sie will, dass ihr gedeiht, hilft die *Dracaena*, das Beste aus euren Möglichkeiten zu machen. Sie hilft euch, daran zu glauben, dass ihr eure Träume verwirklichen könnt.

PFLEGE:
Sie bevorzugt Teilschatten, nur gießen, wenn die Erde trocken ist. Sie mag es, wenn man ihre Blätter wöchentlich einsprüht.

EPIPREMNUM AUREUM

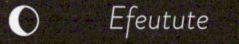

Efeutute

In Schlafzimmern und an heiligen Orten sorgt sie für heilsame, spirituelle Energien.

KRISTALLE: Amethyst, Schwarzer Turmalin, Fluorit, Jade, Labradorit, Pyrit, Rosenquarz, Rauchquarz
BEHERRSCHT VON: Erde und Luft
CHAKRAS: Wurzel, Sakral, Solarplexus, Herz, Scheitel

Überfluss, Ehrgeiz, Aufmerksamkeit, Entschlossenheit, Langlebigkeit, spirituelles Wachstum, Erfolg

Die Efeutute ist nicht kleinzukriegen, sodass man sie auch als Teufelsefeu bezeichnet hat, was einer so hilfreichen und liebevollen Pflanze gar nicht gerecht wird.

Magisch gesehen, ist die Efeutute ein ruhiger Wächter, der alles mitbekommt. Bei negativen Energien weicht sie aus und macht euch so darauf aufmerksam, dass ihr euren Raum reinigen müsst. Gebt ihr Zweige und Treibholzstücke, an denen sie emporranken kann, auch um das Element Erde zu ehren. Sie lässt sich leicht in Wasser vermehren und ist eine großartige Pflanze, wenn es darum geht, Fülle anzuziehen und das Wasserelement zu ehren.

Energetisch steckt sie voller heilsamer Yin-Energie, was man ihren hängenden, herzförmigen Blättern ansieht. Stützt man sie, kann sie auch klettern und ihren Ehrgeiz und Ausbreitungsdrang zeigen. Die Efeutute ist nie zu schüchtern oder zu stolz, um Hilfe zu erbitten. Sie weiß, dass sie nur mit Unterstützung anderer ihr volles Potenzial entfalten kann. Sie umhüllt euch mit ihrer ruhigen, aufmerksamen Aura, hilft euch, innezuhalten, in eurem Körper anwesend zu sein und euch richtig zu spüren. Denn nur in Momenten, in denen wir ganz bei uns sind, finden wir, was wir suchen.

Lasst ihr die Efeutute an Wänden emporranken, bietet das Schutz. Stellt euch vor, dass sie alle ungewollten und ungebetenen Energien abhält.

Indem sie sich durchs Leben rankt, von der Dunkelheit zur Sonne strebt, erinnert uns die Efeutute daran, dass Weiterentwicklung Licht und Schatten braucht. Und dass es überall Hilfe gibt, wenn wir gelernt haben, darum zu bitten.

PFLEGE:
Sie bevorzugt Teilsonne, nur gießen, wenn die obere Erde trocken ist.

✳ EUCALYPTUS ✳

Ein paar frisch geschnittene Eukalyptuszweige über
den Duschkopf hängen,
um eure körperliche und
energetische Gesundheit zu
befördern.

KRISTALLE: Amethyst,
Citrin, Klarer Quarz,
Fluorit, Fuchsit, Onyx
BEHERRSCHT VON:
Wasser und Feuer
CHAKRAS: Wurzel,
Solarplexus, Herz, Hals,
Drittes Auge, Scheitel

Authentizität, Reinigung,
Kreativität, Heilung,
Öffnung, Schutz,
Läuterung, Linderung

Die Eukalyptuspflanze ist berühmt für ihren intensiven Duft. In ihr stecken mächtige Heilkräfte. Ihre faserigen Blätter enthalten starke Öle, die großen Einfluss auf unsere Gesundheit haben. Steht sie in der Waldbrandsaison in Flammen, lassen ihre Blätter und Öle Funken in alle Richtungen sprühen und entfachen das Feuer erst recht. Ihre Liebe zum Feuer scheint selbst- zerstörerisch zu sein, doch die Pflanze ist daran angepasst. Sie gibt dann ihre feuerfesten Samen frei, die bald aus der verbrannten Erde sprießen und die durch die Flammen geschaffenen Lücken mit neuen Bäumen schließen.

Neben dem Element Feuer wird Eukalyptus auch vom Element Wasser beherrscht, daher auch seine Fähigkeit, zu lindern und zu heilen. Seid ihr erkältet, könnt ihr die Blätter in Wasser köcheln lassen und bekommt ein hochwirksames Dampfbad. Die Pflanze ist auch hautreinigend und klärend.

Die Magie von Eukalyptus ist unterstützend und reicht sehr weit. Er sorgt für frische Luft und neuen Wind, erinnert uns daran, Herausforderungen von einer höheren Warte zu betrachten. Seine gerundeten Blätter und seine stabile Größe balancieren die heilsamen Yin- und aktiven Yang-Energien gut aus. Beherrscht von Feuer und Wasser, erinnert uns Eukalyptus daran, dass wir sowohl die Flammen der Leidenschaft als auch den Fluss der Hei- lung besitzen. Er lehrt uns, beide Energien durch unsere Atmung zu bändi- gen, lässt uns generell Kraft daraus schöpfen – immer wieder von Neuem. Dank ihm öffnen wir uns frischer Luft und Energie von überallher.

Aufgrund seiner tröstenden Gegenwart, seiner Liebe zum Leben und seinem weit reichenden Duft lehrt uns Eukalyptus, einengende Über- zeugungen und Ängste abzulegen und in Rauch aufgehen zu lassen. Er schenkt Klarheit und Selbstvertrauen.

PFLEGE:
Er liebt die pralle Sonne und wärmere Standorte.

FARN

Im Schlafzimmer
sorgt er für einen
erholsamen Schlaf.

KRISTALLE: Schwarzer Turmalin,
Coelestit, Citrin, Klarer Quarz,
Grüner Quarz, Jade, Malachit
BEHERRSCHT VON: Luft und Wasser
CHAKRAS: Wurzel, Sakral,
Herz, Scheitel

Authentizität,
Aufmerksamkeit,
Trost, Erweiterung,
Schutz, Sinnlichkeit,
Weisheit

Urwüchsig, elegant und sehr eigen: Die Farnpflanze ist Hunderte Jahrmillionen alt, denn ihre Vorfahren beherrschten die Flora bereits, als auf der Erde noch Dinosaurier unterwegs waren.

Die Farnmagie ist beschützend, unterstützend und verstärkend. Wächst die Pflanze neben anderen oder ist sie Teil von gemischten Sträußen, verstärkt sie deren magische Energien – genau wie die unseren. Mit ihren sinnlichen, sich entrollenden Blättern umhüllt sie uns mit ihrer Aura, gibt uns die Sicherheit, eigene Magie zu versprühen. Tragt einen Farnwedel bei euch, wenn ihr belebte Plätze aufsucht, um eure persönliche Energie zu verstärken.

Obwohl die Pflanze so alt ist, ist sie häufig verspielt, launisch, ja fast kindisch. Sie erinnert uns daran, dass wir nur so alt sind, wie wir uns fühlen. Während sie in der Natur gut gedeiht, ist sie in Innenräumen eher pingelig. Ihre Wedel werden rasch braun, wenn die Bedingungen nicht stimmen. Sich selbst treu bleiben ist unverzichtbar für die Farnpflanze, sie geht lieber ein, als sich zu etwas drängen zu lassen, das ihr nicht entspricht.

Energetisch schafft sie Raum für Authentizität, auch bei uns. Sie ist die Freundin an unserer Seite, die unseren Schmerz mitbekommt, ohne ihn gleich aus der Welt schaffen zu wollen. Sie liebt und akzeptiert uns so, wie wir sind. Sie weiß, dass wir nur dann gedeihen, wenn wir uns liebevoll begegnen – auch wenn wir von Schmerz gebeutelt sind.

Farn schenkt uns seine sich entfaltende Energie, erinnert uns daran, dass wir Enge entwachsen und wirklich nach Hause kommen dürfen.

PFLEGE:
Farn bevorzugt indirektes Sonnenlicht und viel Feuchtigkeit, sowohl in der Erde als auch in der Luft (wöchentliches Wässern und Besprühen sind unverzichtbar).

FICUS ELASTICA

Gummibaum

Einen Gummibaum in die hintere linke Ecke eures Büros, Studios oder Arbeitsplatzes stellen, um Erfolg und Wohlstand anzuziehen.

KRISTALLE: Apophyllit, Coelestit, Klarer Quarz, Citrin, Jade, Malachit, Pyrit, Rosenquarz
BEHERRSCHT VON: Luft und Wasser
CHAKRAS: Sakral, Solarplexus, Herz, Scheitel

Fülle, Ausgewogenheit, Konzentration, Glück, Individualität, Erfolg, Wertschätzung

Nur wenige Pflanzen wachsen mit so einer Entschiedenheit und Anmut wie der Gummibaum. Mit ihren großen, runden, glänzenden Blättern, die sich dramatisch aus roten Schoten an ihrem kräftigen Stamm entfalten, ist die Gummibaumpflanze immer ein Hingucker.

Laut Feng-Shui bringt sie Glück, zieht mit ihren großen, runden Blättern Wohlstand und Reichtum an. Eigenschaften, die ihr verstärken könnt, indem ihr sie in den für Wohlstand zuständigen Bereich bzw. in die hintere linke Ecke eures Zimmers oder Zuhauses stellt. Magisch gesehen, fördert sie die Konzentration, was durch sanfte Selbstliebe aufgewogen wird.

Die Energie der Gummibaumpflanze ist eine ausgewogene Yin-Yang-Kombination, die sich auch auf uns überträgt. Sie ist ganz auf Wachstum ausgerichtet, nimmt nichts persönlich und sieht Herausforderungen als Chancen. Sie weiß aber auch, wann sie um Hilfe bitten muss, stützt sich an Wänden, Masten oder Stäben ab und ist sehr dankbar für diese Stabilität in ihrer Umgebung.

Durch das stetige Aufwärtsstreben lehrt uns die Gummibaumpflanze, dass wir uns auf uns selbst konzentrieren müssen, statt uns mit anderen zu vergleichen. Vertrauen wir der einzigartigen Lebensreise, die uns formt!

PFLEGE:
Ficus elastica bevorzugt helles bis moderates Sonnenlicht und möchte regelmäßig gegossen werden, die Erde muss jedoch staunässefrei sein. Ist die Pflanze groß geworden, braucht sie eine Stütze.

✴ FICUS LYRATA ✴

Geigenfeige

Im Wohnbereich
sorgt sie für Selbst-
vertrauen Dankbar-
keit und Eleganz.

KRISTALLE: Amethyst, Schwarzer
Turmalin, Karneol, Citrin,
Klarer Quarz, Jade, Pyrit, Selenit
BEHERRSCHT VON: Luft
CHAKRAS: Wurzel, Sakral,
Solarplexus, Herz, Hals

Fülle, Authentizität,
Selbstvertrauen,
Selbstausdruck,
Verkörperung, Dank-
barkeit, Glück

Die Geigenfeige ist wie dafür gemacht, sich im Dschungel hin und her zu wiegen, Zweige und Blätter ausgestreckt wie die Arme im Tanz. Wie ihr Name schon sagt, steht sie für Musikalität. Er ist von der Form ihrer Blätter abgeleitet, die, egal wo, für Eleganz sorgen und gleichzeitig die Luft reinigen. Geigenfeigen sind nicht nur ein Schmuck für unser Zuhause, sondern schenken auch Wohlbefinden. Nicht umsonst gehören sie zu den beliebtesten Zimmerpflanzen.

Magisch gesehen, sorgt die Geigenfeige für Selbstvertrauen und Fülle, ist also eine mächtige Verbündete, wenn etwas heraufbeschworen werden soll. Wenn sie gedeiht, wächst sie problemlos und üppig, hellt jeden Ort auf, an dem sie sich befindet. Sie bringt uns dazu, dasselbe zu tun: Weithin zu strahlen, offen für die Aufmerksamkeit und Anerkennung anderer. Wenn ihr all euren Mut zusammennehmt, um euch zu behaupten, nutzt die Magie der Geigenfeige, indem ihr sie neben eurem Altar oder Arbeitsplatz aufstellt. Oder aber ihr setzt euch zu ihr, wenn ihr meditiert, visualisiert oder Tagebuch schreibt.

Die Geigenfeige reinigt unsere Umgebung energetisch, indem sie negative Schwingungen absorbiert und positive ausstrahlt. Sie enthält viel heilsame Yin-Energie, die sie mit ihren Yang-Energien (Motivation und Bewegung) ausbalanciert. Obwohl sie sich in einem geschlossenen Ambiente wohlfühlt, liebt sie Bewegung. In ihrer natürlichen Umgebung, dem Dschungel, tanzt sie im Wind mit ihren Mitgeschöpfen. Das trainiert und kräftigt sie, schenkt ihr die Flexibilität, sich im Wind zu biegen und nach der Sonne zu strecken.

Die anmutige und selbstbewusste Geigenfeige erinnert uns daran, dass wir uns erden, unsere Bedürfnisse erkennen, flexibel bleiben und zum Licht streben müssen, wenn wir unserem wahren Selbst folgen wollen.

PFLEGE:
Sorgt für moderates bis helles, indirektes Sonnenlicht und dreht die Pflanze immer wieder zur Sonne. Gründlich gießen, wenn die oberen zwei bis drei Zentimeter Erde trocken sind.

SELBSTAUSDRUCK-
TANZEINLAGE
✳ MIT DER ✳
GEIGENFEIGE

Wenn sie mit uns im Haus lebt, kann die Geigenfeige sich nicht so hin und her wiegen, wie sie das braucht, um ihren Stamm zu kräftigen. Auch wir vergessen oft, wie wichtig Tanz ist, um uns auszudrücken und Stress abzubauen. Nehmen wir uns doch Zeit, um uns mit ihr zu bewegen, um Angst abzubauen und wieder in Kontakt mit unserer Körperintelligenz zu kommen, während wir gleichzeitig das Wachstum unserer Pflanzenfreundin befördern!

GENIESST DEN TANZ

+ Geht zur Geigenfeige und schenkt ihr Anerkennung, indem ihr ihre Blätter streichelt
  oder reinigt und ihr liebevoll zuflüstert.
+ Legt ein Lieblingslied auf und umfasst sanft
  ihren Stamm.
+ Beginnt ihn vorsichtig zu schütteln, ahmt den
  Wind nach, während auch ihr euch zur Musik
  hin und her wiegt.
+ Tanzt weiter, während ihr die Geigenfeige
  sanft bewegt. Atmet tief in eure unteren
  Chakras, bringt Energie in eure Füße, Po
  und Hüften.
+ *Shake it!* Tanzt mit ihr, solange das Lied dauert
  oder solange ihr Lust dazu habt.
+ Wie fühlt ihr euch? Umarmt die Botschaften,
  die euch die Geigenfeige mitgeteilt hat, und
  dankt ihr für ihre Präsenz und Liebe.

GERANIUM UND PELARGONIUM

Storchschnabel

Vor der Haustür aufstellen oder pflanzen, um Fülle, Glück und Freundschaft anzuziehen.

KRISTALLE: Apophyllit, Citrin, Karneol, Klarer Quarz, Rosenquarz, Selenit
BEHERRSCHT VON: Wasser
CHAKRAS: Sakral, Solarplexus, Herz, Scheitel

Fülle, Fruchtbarkeit, Glück, Heilung, Inspiration, Liebe, Schutz, Läuterung

Diese weit verbreitete Hänge- oder Balkonpflanze wird oft unterschätzt, dabei hat sie zahlreiche Kräfte, die sich positiv auf Haus und Garten auswirken.

Vor dem Haus schenkt Storchschnabel Schutz und Anziehungskraft: Die Pflanze blockiert negative Energien und zieht Fülle, Glück und Freundschaft an. Ihre Blütenblätter und Blätter lassen sich für Zauber verwenden, die Freundschaften und soziale Gelegenheiten heraufbeschwören sollen. Vor allem ihre Blätter lassen sich für Fruchtbarkeitszauber und -rituale verwenden.

Einen Großteil ihrer Magie hat die Pflanze ihrer Fähigkeit zu verdanken, unsere Gefühle und unsere Energie positiv zu beeinflussen. Sie erinnert uns daran, dass wahres Glück von innen kommt, und hilft uns, innere Freude zu spüren.

Energetisch eignet sie sich hervorragend zur Aurareinigung, danach fühlen wir uns sauberer, klarer und leichter. Sie besitzt viel rezeptive Yin-Energie, beschwört Behaglichkeit, Heimatgefühle, Ortsverbundenheit herauf. Storchschnabelenergie fühlt sich an wie eine liebevolle Einladung, wie eine kühle Brise an einem heißen Tag oder wie ein wärmendes Kaminfeuer im Winter. Sie ist einladend, verkündet, dass wir uns mit anderen verbinden möchten, und heißt unsere Gäste willkommen.

Die einladende und unterstützende Storchschnabelpflanze erinnert uns daran, dass wir selbst definieren müssen, was Glück, Trost und Erfolg für uns bedeuten.

PFLEGE:
Sorgt für helles, direktes bis indirektes Licht und für einen staunässefreien Boden. Der darf zwischen dem Gießen ruhig austrocknen.

JASMINUM ✦ OFFICINALE

Jasmin

Am Eingang platzieren, um euer Zuhause mit Positivität aufzuladen.

KRISTALLE: Amethyst, Apophyllit, Grüner Quarz, Mondstein, Oranger Calcit, Rosenquarz, Selenit, Rauchquarz
BEHERRSCHT VON: Wasser und Luft
CHAKRAS: Sakral, Herz, Drittes Auge, Scheitel

Wertschätzung, Attraktion, Hoffnung, Liebe, Positivität, Sinnlichkeit, Ruhe, Aufstieg

Jasmin, was vom Persischen *Yasamine* stammt, bedeutet »Gottesgeschenk«. Die Pflanze fördert Liebe, Sinnlichkeit, Leidenschaft, Hoffnung und Optimismus. Ihr Duft ist aphrodisierend, sie verstärkt unser Verlangen. Jasmin ist eng mit dem Mond verbunden, was die weißlichen Blüten bezeugen, aber auch die Tatsache, dass diese vor allem nachts duften, besonders bei Vollmond. Um euch mit der sinnlichen, liebevollen Magie von Jasmin zu verbinden, macht euch bei Vollmond eine Tasse Jasmintee und notiert, was passiert. Um euch auf Dauer mit Jasmin zu verbinden, stellt die Pflanze unter euer Schlafzimmerfenster (oder an einen sonnigen Ort in eurem Schlafzimmer), damit ihr liebevoller, optimistischer Duft euren Schlaf, eure Sinnlichkeit und eure Liebe befördert.

Während Jasmin besonders viel heilsame Yin-Energie besitzt, enthält sie doch genug Yang-Energie, um die Flamme der Leidenschaft in uns zu entfachen. Die Energie und der Duft von Jasmin hüllen uns ganz ein, umgeben uns mit Liebe, prägen sich uns ein, um Sorgen zu lindern und unsere Sinne zu stimulieren.

Die Jasminpflanze vertraut ihren Duft dem Wind an, erinnert uns daran, dass Liebe, Freude und Positivität endlos zur Verfügung stehen – vorausgesetzt, wir sind offen dafür.

PFLEGE:
Bevorzugt helles bis moderates Sonnenlicht und wärmere Temperaturen, die Erde darf zwischen dem Gießen austrocknen.

LAVENDULA

Lavendel

Für einen erholsame-
ren und friedlicheren
Schlaf ein Säckchen
mit getrocknetem
Lavendel unters
Kopfkissen (oder
Bett) legen.

KRISTALLE: Amethyst, Apophyllit,
Klarer Quarz, Fluorit, Labradorit,
Lepidolit, Opal, Rosenquarz, Selenit
BEHERRSCHT VON: Luft
CHAKRAS: Solarplexus, Herz,
Drittes Auge, Scheitel

Harmonie, Heilung,
Intuition, Selbstliebe,
Geduld, Schutz,
Läuterung,
Entspannung

Die Magie der für ihre kühlenden, lindernden Eigenschaften berühmten Lavendelpflanze ist weise, loyal, geduldig und läuternd. Sie ist eng mit Kindern und der Ehe verbunden, besonders hilfreich, wenn es darum geht, Trauer und Schuld zu überwinden. Lavendel ist eine mächtige Pflanze, wenn man spirituelle und intuitive Gaben entwickeln will. Ihr entspannender Einfluss hilft uns, einen besseren Zugang zu unserer Intuition zu bekommen, denn sie lädt das Dritte Auge ein, sich zu öffnen und zu empfangen. Meditiert mit Lavendel, um die Intuition zu stärken, indem ihr euch eine Tasse Lavendeltee macht, getrocknete Blüten verstreut oder eine Lavendelkerze anzündet. Ihr könnt auch ätherisches Öl neben eurem Altar oder heiligen Ort verdampfen.

Energetisch dreht sich bei Lavendel alles um Erholung. Die Pflanze lädt uns zum Ausruhen und Entspannen ein, bringt uns dazu, weniger zu tun, um mehr zu empfangen. Lavendel lehrt uns, dass wir, wenn wir uns Entspannung gönnen, empfänglicher werden, Klarheit gewinnen. Die Pflanze schützt vor zu viel Grübeln, hilft uns, wieder auf unsere Seele zu hören. Lavendel ist in jeder Hinsicht heilsam – was körperliche Schmerzen betrifft, aber auch seelische Wunden, außerdem reinigt die Pflanze unsere Aura.

Lavendel lindert und entspannt, schenkt Körper und Geist Leichtigkeit, hilft uns, uns für regenerative Energien zu öffnen. Lavendel erinnert uns an die Heilmagie, die wir alle in uns tragen.

PFLEGE:
Lavendel braucht helles Sonnenlicht und häufiges Gießen, allerdings nur, wenn die Erde trocken ist.

MALUS DOMESTICA

Apfel

Legt ihn im Herbst auf den Altar, um die Jahreszeit zu ehren und Fülle und gute Gesundheit anzuziehen.

KRISTALLE: Calcit, Chrysokoll, Fluorit, Perlen, Rosenquarz, Selenit, Sugilit, Türkis
BEHERRSCHT VON: Wasser
CHAKRAS: Sakral, Solarplexus, Herz, Drittes Auge, Scheitel

Fülle, Zusammenarbeit, Fruchtbarkeit, Heilung, Wissen, Langlebigkeit, spirituelle Verbundenheit

Malus domestica verbindet uns ebenso problemlos wie anmutig mit dem Herzschlag der Erde, der uns alle einschließt. Apfelbäume gedeihen am besten in der Nähe von anderen Apfelbäumen und wenn viele Bestäuber aktiv sind. Ein bienenfreundlicher Kräuter- oder Blumengarten unweit des Baums verstärkt ihre Magie. *Malus domestica* weiß, wie wichtig Kooperation und Diversität für ein blühendes Leben sind.

Magisch gesehen, steht Apfel für Weisheit, Erkenntnis, Fülle, Fruchtbarkeit, Kreativität, Zusammenarbeit und spirituelle Verbundenheit. In vielen Märchen sind Apfelbäume Portale zu spirituellen Dimensionen, zum Reich der Feen und zum Jenseits.

Energetisch ist *Malus domestica* warm und einladend, heilsam und lebensbejahend, umarmt alle und erinnert uns daran, wo wir hingehören. Weil der Apfel als Baum der Erkenntnis gilt und mit der Vertreibung von Adam und Eva aus dem Paradies verbunden ist, hatte er eine Weile einen schlechten Ruf. Ein Witz, wenn man bedenkt, dass die Erkenntnis, zu der uns der Apfel führt – nämlich die, dass wir alle miteinander verbunden sind und Göttliches in uns tragen –, die Rückkehr in den metaphorischen Garten Eden überhaupt erst ermöglicht. Zum Glück besinnen wir uns jetzt wieder auf die allseitige Verbundenheit und bedingungslose Liebe des Apfels.

Der pralle und einladende Apfel erinnert uns daran, dass wir alle etwas Göttliches in uns haben, das am besten zum Tragen kommt, wenn wir unsere allseitige Verbundenheit anerkennen.

PFLEGE:
Der Apfelbaum gedeiht vorzugsweise in Gegenden mit kalten Wintern und warmen Sommern, bei moderater bis hoher Feuchtigkeit.

HEILENDER APFELWEIN-ESSIG-TEE

Wetten, dass dieser Tee jede Erkältung im Keim erstickt?
Schon bei den ersten Symptomen diesen Tee kochen!
Nippt daran und entspannt euch, während ihr die
Heilmagie des Apfels spürt.

IHR BRAUCHT

1–2 Spritzer Bio-Apfelessig
Den Saft von einer ½ Zitrone
Eine Prise Zimt
Eine Prise Cayenne-Pfeffer
Einen oder mehrere Löffel
  Honig (am besten aus
  regionaler Produktion)
Heißes Wasser

SO GEHT'S

+ Den Kessel füllen und Wasser aufsetzen.
+ Alle Zutaten bereitstellen, eure Magie akti-
  vieren (s. S. 20) und eure Materialien segnen.
  Dankt jeder Zutat, dass sie die Heilkräfte eures
  Körpers verstärkt.
+ Den Saft einer halben Zitrone in einen großen
  Becher geben. Den Apfelessig sowie nach Be-
  lieben Zimt und Cayenne-Pfeffer hinzufügen.
+ Siebenmal gegen den Uhrzeigersinn umrüh-
  ren, um die Krankheit aus eurem Körper und
  eurer Energie zu vertreiben.
+ Mit sprudelndem, aber noch nicht kochendem
  Wasser aufgießen und nach Belieben Honig
  dazugeben.
+ Siebenmal im Uhrzeigersinn umrühren, wo-
  durch ihr euch und den Tee energetisiert.
+ Am Tee nippen, euch darauf konzentrieren,
  wie er durch die Kehle fließt. Spürt, wie die
  Heilenergie des Tees den ganzen Körper
  durchdringt.
+ Ein, zwei Tassen am Tag trinken, bis die Symptome nachlassen.

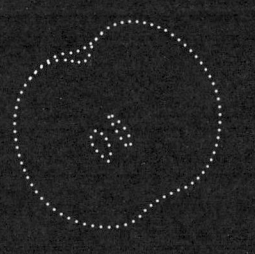

MELISSA OFFICINALIS

Zitronenmelisse

In den Garten pflanzen, um Bestäuber und Positivität anzulocken sowie Mücken und Schnaken zu vertreiben.

KRISTALLE: Amethyst, Citrin, Jade, Lepidolit, Malachit, Pyrit, Rosenquarz, Rhodonit
BEHERRSCHT VON: Wasser
CHAKRAS: Sakral, Solarplexus, Herz, Drittes Auge

Fülle, Glück, Motivation, Positivität, Verjüngung, spirituelles Wachstum

Der Name stammt von den Honigbienen, die sie lieben (*Melissa* heißt auf Griechisch »Honigbiene«). Zitronenmelisse ist eine wichtige Pflanze – für die Bestäuber, aber auch für uns. Sie hieß auch mal Herztrost, weil sie sich positiv auf Herzkrämpfe, Bluthochdruck und emotionale Trauer auswirkt. Die Pflanze wird bereits seit Jahrhunderten für ihre Heilkräfte geschätzt.

Die Magie der Zitronenmelisse fördert positives Denken, auch dass wir uns selbst und andere akzeptieren. Sie ermutigt uns, uns romantischer sowie platonischer Liebe zu öffnen. Aber sie hilft uns auch, loszulassen, wenn Beziehungen enden. Die Magie der Zitronenmelisse verstärkt die Positivität und Liebe, die uns umgeben – auch bei Trauer und Liebeskummer. Ihre Energie hilft uns, Herausforderungen und Wachstum zu bewältigen. Die hohe Schwingungsenergie der Zitronenmelisse macht sie zu einer idealen Pflanze, wenn Fülle heraufbeschworen werden soll.

Die Energie der Zitronenmelisse ist sonnig, überschwänglich und optimistisch. Wenn ich mit ihr arbeite, habe ich die Farbe Gelb vor Augen, sie symbolisiert sonnige Ausstrahlung. Zitronenmelisse erinnert uns daran, dass wir Zugang zu unserer inneren Sonne finden können – egal, wie das Wetter oder die äußeren Umstände sind. Sie sorgt für eine ausgewogene Energiebalance in unserem Solarplexuschakra, dem Energiewirbel, der die ewige Flamme des Lebens beherbergt und zu gutem Selbstwertgefühl und bedingungsloser Selbstliebe führt.

Zitronenmelisse hilft uns, die Wolken vor unserer inneren Sonne zu vertreiben. Sie zeigt uns, dass wahres Glück nur bei uns selbst zu finden ist.

PFLEGE:
Sorgt für moderates, indirektes Sonnenlicht und einen lockeren Boden.

ZITRONENMELISSE ZAUBERGLAS

Dieses magische Ritual verbindet die intensive Glücksenergie von Zitronenmelisse mit der attraktiven, klebrigen Energie des Honigs und eurer eigenen persönlichen Magie, um Fülle und Positivität anzuziehen. Das kann alles sein – angefangen von Romantik bis hin zu Immobilien.

....

IHR BRAUCHT

Tagebuch und Stift

Einmachglas mit Deckel

Citrin oder Jade

Reichtumstalismane wie Münzen oder etwas Goldenes oder Grünes

1 EL getrocknete Zitronenmelisseblätter

1 gehäuften EL Honig

Kerze (eine grüne Kerze für Reichtum, eine gelbe für Selbstvertrauen oder eine rote für Unterstützung und Sicherheit)

Feuerfesten Teller, um die Kerze abzubrennen

VORBEREITUNG DES RITUALS

+ Bereitet euch energetisch auf dieses Ritual vor, indem ihr etwas tut, das Fülle heraufbeschwört. Nehmt ein Bad, verwöhnt euch oder tanzt wild zu eurem Lieblingssong. Spürt, wie viel Glück und Segen auf eurem Leben ruht.
+ Dann spürt in Ruhe, welche Fülle euer Körper getankt hat.

SO MACHT IHR DAS ZAUBERGLAS

+ Aktiviert eure Magie (s. S. 20) und segnet eure Materialien.
+ Schreibt auf einen Zettel, welche Fülle ihr anziehen wollt. Faltet ihn so klein wie möglich zusammen und legt ihn in das Glas.
+ Konzentriert euch, eure Kristalle in der Hand, auf eure Wünsche und ladet die Steine mit den Energien auf, die ihr anziehen wollt. Legt sie in das Glas.
+ Dann nehmt eure Reichtumstalismane zur Hand. Ladet sie mit den Energien auf, die ihr anziehen wollt, und legt sie in das Glas.
+ Bedankt euch bei der Zitronenmelisse, während ihr sie in das Glas streut.
+ Dankt dem Honig für seine süße Beschaffenheit und gesunde Köstlichkeit, auch den Bienen, die ihn produziert haben. Gebt einen Löffel Honig über den Inhalt des Glases und konzentriert euch auf die Fülle, die ihr euch wünscht.
+ Schraubt den Deckel auf das Glas, schmelzt etwas Wachs am Ende der Kerze und klebt sie so auf den Deckel. Stellt das Glas auf einen feuerfesten Teller an einen sicheren Ort. Lasst die Kerze herunterbrennen, sodass das Wachs über den Deckel rinnt.
+ Meditiert, spürt hin, was ihr euch wünscht. Ihr könnt auch tanzen, Tagebuch schreiben, Kunst machen oder etwas anderes tun, das euch bereichert, während die Kerze herunterbrennt.
+ Stellt euer Zauberglas dort auf, wo ihr produktiv und kreativ sein wollt, beschenkt euch mit Reichtum, indem ihr es immer wieder betrachtet.
+ Und jetzt lasst all eure Erwartungen los, wann oder wie eure Wünsche in Erfüllung gehen sollen.
+ Vertraut dem Universum und eurer Magie.
+ Erfüllen sich die Wünsche, dankt eurem Zauberglas, vergrabt es im Garten oder entsorgt es anderweitig.

MENTHA

Minze

Tragt ein Minzblatt oder einen Zauberbeutel mit Minze bei euch, um Wohlstand anzuziehen.

KRISTALLE: Amethyst, Achat, Aventurin, Citrin, Fluorit, Labradorit, Lapislazuli, Pyrit, Sodalit
BEHERRSCHT VON: Luft
CHAKRAS: Sakral, Solarplexus, Herz, Hals, Drittes Auge

Fülle, Zuversicht, Kommunikation, Intuition, Schutz, Läuterung, Linderung, Stärke

Minze ist eine mächtige Komponente für ganzheitliche Medizin und spirituelles Wachstum. Es gibt zahlreiche Unterarten mit reichlichen Gesund-
heitsvorteilen: Reinigung von Mund und Atem, verbesserte Konzentration
und Klarheit, Linderung von Verdauungs- und Magenbeschwerden. Die
magischen Qualitäten wie Wohlstand, Klarheit, Authentizität, Intuition und
Glück lassen sich leicht mithilfe von Minzblättern und deren ätherischen
Ölen anziehen. Einige Zauber mit Minze verwenden frische Minzblätter,
um Speisen und Getränke zu energetisieren. Getrocknete Blätter finden in
Kerzen oder Zauberbeuteln Anwendung, die Glück, Wohlstand und hellseherische Kräfte unterstützen sollen.

Minzenergie fühlt sich an wie eine tiefe, befriedigende Ausatmung, ge-
folgt von einer belebenden Einatmung neuer Frischluft. Mınze sagt: »Wır
schaffen das.« Minze ist stark, aber flexibel, unabhängig und doch hilfsbereit.
Minze ist eng mit dem Hals- und Drittes-Auge-Chakra verbunden, Minze
öffnet energetische Portale zu spirituellen Welten, schärft unsere Intuition und führt uns zur Wahrheit. Trinkt eine Tasse Minztee, bevor ihr einen
Vortrag haltet, um mehr mit eurer authentischen Stimme und Wahrheit in
Kontakt zu kommen.

**Minze schenkt neue Energie, sie erinnert uns daran, dass wir mit Intuition
und Aufrichtigkeit Zugang zum Göttlichen bekommen können, das uns
umgibt, unterstützt und ausmacht.**

PFLEGE:
*Sorgt für moderates, indirektes Licht, für regelmäßiges Gießen und
staunässefreie Erde.*

MINZE-
ZAUBERBEUTEL
FÜR ZUVERSICHT

Ein magischer botanischer Zauberbeutel ist ein kleiner Stoffbeutel, gefüllt mit getrockneten Pflanzen und kleinen Kristallen. Man nutzt sie wegen ihrer energetischen Eigenschaften,
sie zeigen, wo es hingehen soll, und symbolisieren persönliche
Stärke. Zauberbeutel lassen sich ganz leicht herstellen und sind
hocheffektiv. Sie sind vielfältig einsetzbar, im Geldbeutel ziehen
sie Wohlstand an, im Auto Schutz. Trägt man sie am Körper, sorgen sie für Selbstvertrauen, unter dem Kissen befördern sie den
Schlaf und magische Träume. Ich benutze gern Stoffbeutel mit
Zugband dafür, die normalerweise Schmuckstücke enthalten.

SO MACHT IHR DEN ZAUBERBEUTEL

+ Sucht eure Materialien zusammen, aktiviert eure Magie (s. S. 20) und segnet eure
  Materialien.
+ Dankt jedem Kraut für die magischen Eigen-
  schaften, die ihr heraufbeschwört. Gebt die
  Kräuter in den Zauberbeutel.
+ Nehmt die Kristalle in die Hand und dankt
  für die besondere Energie, die sie anziehen
  (in diesem Fall Selbstvertrauen). Gebt die
  Kristalle in den Beutel.
+ Nehmt den Zauberbeutel in die Hand. Denkt
  an das, was ihr euch wünscht, und sprecht es
  laut aus. Lasst euch von Dankbarkeit durch-
  strömen. Dankt vor allem der Natur, den
  Kräutern und den Kristallen.
+ Jetzt dankt euch selbst für dieses Ritual.
+ Spürt, wie eure Energie stärker wird, während ihr euch dankt und lobt.
+ Atmet tief durch, spürt das Selbstwertgefühl im ganzen Körper.
+ Wenn ihr euch vollständig fühlt, legt den Zauberbeutel dorthin, wo ihr oft mit
  ihm in Kontakt kommt, in eure Handtasche oder Hosentasche. Oder aber
  unters Bett oder Kissen, damit sich seine Magie auf euer Unterbewusstsein
  überträgt, während ihr schlaft.
+ Hat der Zauberbeutel funktioniert, dankt ihm und nehmt ihn nach und nach
  auseinander. Kompostiert die Kräuter und vergrabt oder reinigt die Kristalle.

IHR BRAUCHT

Einen kleinen, fein gewebten
  Stoffbeutel mit Zugband
Getrocknete Minzblätter
Citrin, Tigerauge, Grünen
  oder Klaren Quarz
Nach Belieben: Kräuter und
  Blüten für Zuversicht wie:

* Avocadoblätter – für
  Selbstwertgefühl

* Basilikum – für Optimismus

* Zitronenmelisse – für Glück

* Rosenblütenblätter –
  für bedingungslose Liebe

*Anmerkung: Dieses Ritual funktioniert auch mit anderen Zauberbeuteln. Um Liebe
heraufzubeschwören, benutzt Avocadoblätter, Rosenblütenblätter, Jasmin und
Rosenquarz, für finanziellen Wohlstand Minze, Zitronenmelisse, Basilikum und Citrin
oder Pyrit; für Schutz oder Grenzen Salbei, Rosmarin, Schafgarbe und Achat oder
Schwarzen Turmalin und für mehr hellseherische Kräfte Lavendel, Minze, Passions-
fruchtblätter und Amethyst.*

MONSTERA DELICIOSA

Fensterblatt

Neben ein zentrales Fenster stellen, damit positive Energie die ganze Wohnung erfüllt.

KRISTALLE: Auraquarz, Apophyllit, Karneol, Citrin, Chrysokoll, Magnetit, Rosenquarz
BEHERRSCHT VON: Luft
CHAKRAS: Sakral, Solarplexus, Herz, Scheitel

Anziehungskraft, Authentizität, Schönheit, Neugier, Diversität, Liebe, Luxus, Freude, Ausdauer

Die auch Lochpflanze genannte *Monstera Deliciosa* bringt eine dschungelartige Üppigkeit und Schönheit in unser Zuhause. Ihr anmutiges Grün ist Balsam für Augen und Seele, vor allem, nachdem wir stundenlang auf Bildschirme gestarrt haben.

Magisch gesehen, befördert die *Monstera Deliciosa* Selbstvertrauen, Geselligkeit, Kreativität, Zusammenarbeit und jede Menge Liebe. Sie ist die ideale Begleiterin für Rituale, die Selbstliebe und Selbstwertgefühl steigern sollen – auch wenn neue, kreative Ideen gebraucht werden. Ihr müsst euch nur neben sie setzen, und schon empfindet ihr tiefe Liebe, denn sie heißt unsere Träume willkommen und lässt sie mit ihren sich entrollenden Blättern wachsen.

Die Energie der *Monstera Deliciosa* ist wie der Mittelpunkt einer Party, wie die Freundin, die uns immer eine Zuflucht bietet. Sie ist übermütig, ausdrucksstark, selbstbewusst und nährend, da sie uns ermutigt, authentisch zu sein, uns so zu zeigen, wie wir wirklich sind. Sie balanciert belebende Yang- und tröstende Yin-Energie perfekt aus und liebt sonnige, gesellige Orte in unserem Zuhause, wo sie viel Platz zum Klettern und Wachsen hat. Die *Monstera Deliciosa* hat keine Angst davor, Raum einzunehmen, und unterstützt das auch bei uns.

Die sich immer neu entfaltende, nach oben strebende Kletterpflanze *Monstera Deliciosa* lehrt uns, dass wir uns nur mit unserem wahren Ich von unserer besten Seite zeigen können.

PFLEGE:
Sorgt für moderates bis helles, indirektes Licht und gießt gründlich, wenn die oberen Zentimeter der Erde trocken sind.

✷ OCIMUM BASILICUM ✷

Basilikum

Stellt einen Topf
Basilikum ins Fenster,
um Fülle und Erfolg
anzuziehen.

KRISTALLE: Aventurin, Malachit,
Rosenquarz, Lepidolit, Pyrit,
Obsidian, Rutilquarz
BEHERRSCHT VON: Feuer
CHAKRAS: Sakral, Solarplexus,
Herz, Drittes Auge

Fülle, Erleuchtung,
Liebe, Loyalität,
Glück, Positivität,
Schutz

Basilikum ist eines der beliebtesten Küchenkräuter, dabei wird häufig übersehen, dass es eine sehr magische Heilpflanze ist. Sie bietet starken Schutz, sowohl im Garten als auch im Körper, da sie gegen Bakterien und Schimmelpilze wirkt, antiseptisch und entkrampfend ist. Im Garten gedeiht Basilikum gut in Nähe von Tomaten, wo sie die Hornschnecke fernhält. Pflanzt man Basilikum zusammen mit Oregano, Schnittlauch und Kamille an, verstärkt die Pflanze deren Potenzial.

Wie das Feuerelement, das die Basilikumpflanze beherrscht, erleuchtet sie sich selbst und alles in ihrer Umgebung. Magisch gesehen, wird Basilikum für Schutz, Fülle, Glück, Positivität und Liebe genutzt, vor allem für Selbstliebe und romantische Liebe. Basilikum lindert Sorgen und Streit und ist zudem ein ideales Mitbringsel für frisch zusammengezogene Paare.

Weil Basilikum von Feuer beherrscht wird, hat die Pflanze mehr aktive Yang-Energien. Das fördert die Verdauung, das Immunsystem und geistige Klarheit, beschwört Fülle und Erfolg. Ausgeglichen wird das durch ihre Fähigkeit, Sorgen und innere Nöte zu lindern.

Duftendes, heilendes Basilikum erinnert uns an das, was uns von innen leuchten lässt – wohl wissend, dass es dieses innere Licht ist, das unser Leben wirklich erhellt.

PFLEGE:
Bevorzugt helles bis moderates Sonnenlicht, einen warmen Standort und regelmäßiges Gießen.

BASILIKUM-KERZENZAUBER

Magische mit Kräutern und Wünschen aufgeladene Kerzen können gewünschte Energien anziehen bzw. unerwünschte vertreiben. Bei diesem Ritual geht die Basilikummagie in eine magische
Kerze ein, die Positivität und Fülle anziehen soll ... oder aber
in eine, die Sorgen und Negativität loslässt.

SO STELLT IHR DIE KERZE HER

+ Werdet euch darüber klar, welche Energien ihr heraufbeschwören und loslassen wollt. Schreibt sie auf ein Blatt Papier.
+ Sucht eure Materialien zusammen, aktiviert eure Magie (s. S. 20) und segnet eure Materialien. Lasst die Hand darüber kreisen: *im* Uhrzeigersinn, um sie für eine Kerze zu energetisieren, die anziehen soll, oder *gegen* den Uhrzeigersinn, wenn die Kerze unerwünschte Energien vertreiben soll.
+ Legt die Hände aufs Herz und segnet euch selbst, während ihr eure eigene Magie empfangt.
+ Breitet das Bienenwachsblatt aus und schneidet den Docht so zurecht, dass er 2–3 Zentimeter länger ist.
+ Reißt das Papier mit euren Worten in kleine Stücke, die gerade noch lesbar sind und verteilt sie auf dem Bienenwachsblatt.
+ Dann gebt Basilikum (und/oder andere Kräuter) in den Mörser, dankt der Pflanze für ihre Magie. Alles mit dem Stößel verreiben.
+ Die Kräuter über das Bienenwachsblatt streuen.
+ Das Bienenwachsblatt eng um den Docht, die Wörter und Kräuter rollen, bis die Kerze fertig ist.
+ Die fertige Kerze in einem sicheren Ständer an einen sicheren Ort stellen. Zentriert euch und zündet sie an.
+ Meditiert, während die Kerze brennt, beobachtet, wie die Magie, die ihr mitgeschaffen habt, ins Universum entlassen wird. Lasst eure Erwartungen los, seid einfach nur, atmet und glaubt.
+ Ihr könnt verschiedene Kräuter für Zauberkerzen mit verschiedenen energetischen Eigenschaften herstellen. Getrocknete Kräuter aus Gewürzgläsern oder Tees sind ebenfalls gut dafür geeignet. Benutzt Kamille für Entspannung und Frieden, Lavendel für Empfänglichkeit, Minze für eine Fülle an Möglichkeiten, Rosmarin für größere Klarheit, Salbei für Läuterung und Rose für Liebe in jeder Form.

IHR BRAUCHT

Ein kleines Blatt Papier

Stift oder Filzstift

Mörser und Stößel

Getrocknetes Basilikum

Ein Bienenwachsblatt und einen Kerzendocht

Einen Kerzenständer

ORCHIDEE

In Fensternähe
an zentralem Ort
aufstellen, um positive
Energie durchs ganze
Zuhause strömen
zu lassen.

KRISTALLE: Auraquarz, Apophyllit,
Karneol, Citrin, Chrysokoll,
Magnetit, Rosenquarz
BEHERRSCHT VON: Luft
CHAKRAS: Sakral, Solarplexus,
Herz, Scheitel

Anziehungskraft,
Authentizität,
Schönheit, Neugier,
Diversität, Liebe,
Luxus, Freude,
Ausdauer

Die zerbrechliche und dennoch starke Orchidee besticht durch ihre Schönheit, Diversität und Anpassungsfähigkeit. Ihre Blüten sind natürliche Kunstwerke, sie sind perfekt dafür geeignet, die Bestäuber anzulocken, die sie zur Fortpflanzung braucht. Einige Blüten duften süß und sind bunt: Sie ziehen Schmetterlinge und Kolibris an. Andere stinken wie verwesendes Fleisch, um Fliegen anzulocken. Die Orchidee ist einfach magnetisch!

Die Magie der Orchidee ist anziehend, sinnlich, expansiv und temperamentvoll. Insofern ist sie ideal, wenn man Liebe und Intimität heraufbeschwören will. Die Orchidee besitzt auch Ausdauer: Hat sie einmal ein Ziel ins Auge gefasst, lässt sie sich durch nichts davon abhalten. Zum Glück können wir diese stark motivierte Energie für unsere Zwecke kanalisieren. Stellt die Orchidee an den Arbeitsplatz oder an einen kreativen Ort, wo ihr Konzentration und Hingabe benötigt – sie wird euch ans Ziel bringen.

Die Energie der Orchidee fühlt sich an, als würde man in einen tollen Baum klettern oder einen Berg mitten im Dschungel besteigen. Sie flößt Ehrfurcht und Neugier ein. Steht sie in voller Blühe, verströmt sie jede Menge positive Energie. Die Orchidee ist eng mit dem Scheitelchakra verbunden, sie aktiviert das Wissen, dass jede:r von uns ein individueller, kostbarer Ausdruck eines größeren Ganzen ist. Mit ihren diversen, manchmal sogar skurrilen Blüten erinnert uns die Orchidee daran, dass wir alle hier sind, um unsere eigene Schrägheit zu feiern!

Die Orchidee drängt uns, die Person zu sein, die wir sein sollten – wild und frei, fest entschlossen, einander verbunden und in dem starken Bedürfnis, so zu blühen, wie nur wir es können.

PFLEGE:
Normalerweise brauchen Orchideen helles bis moderates, indirektes Licht, viel Feuchtigkeit und eine spezielle Rinde als Pflanzsubstrat.

ORIGANUM

Oregano

Speisen mit Oregano würzen, um ihren Geschmack zu intensivieren, das Immunsystem zu stärken oder Kreativität anzuziehen.

KRISTALLE: Achat, Schwarzer Turmalin, Calcit, Karneol, Rosenquarz, Selenit, Sodalit
BEHERRSCHT VON: Luft
CHAKRAS: Sakral, Solarplexus, Herz, Hals

Kommunikation, Kreativität, Heilung, Erleuchtung, Läuterung, Schutz, Selbstliebe

Der Name Oregano stammt vom Griechischen *oros* für »Berge« und *ganos*, was »Helligkeit« bedeutet. Ein passender Name für eine Pflanze mit so einer erleuchtenden Magie.

Diese ist ganz besonders reinigend und schützend: Wie der Kristall Selenit kann Oregano sich ausbreitende Negativität neutralisieren. Benutzt Oregano für Zauber und Rituale, die für Glück und Gesundheit sorgen sollen, auch um blockierte Selbstliebe zu befreien.

Wenn ihr die Oreganoenergie anzapft, fühlt sich das an wie ein heißes Bad, wie ein seliges Aufatmen, während sich der ganze Körper entspannt. Durch radikale Akzeptanz und heilige Hingabe hilft uns Oregano, unsere Widerstände aufzugeben – wohl wissend, dass wir mit Erleuchtung dafür belohnt werden. »Wir müssen da durch«, sagt uns die Pflanze und hilft uns beim Loslassen, reißt die Mauern ein, die wir um unseren Kummer errichtet haben.

Die mächtige, hilfreiche, liebevolle Oreganopflanze lehrt uns, unseren Widerständen mit Mitgefühl und Akzeptanz zu begegnen. Sie weiß, dass Selbstliebe uns aus allen Käfigen des Leids befreien wird.

PFLEGE:
Oregano bevorzugt die pralle Sonne und staunässefreie Erde.

+ ☾ PALME ☽ +

Palmen in sozialen, hoch-
energetischen Bereichen
aufstellen, um Motivation
und Verjüngung zu fördern.

KRISTALLE: Achat,
Aventurin, Coelestit,
Citrin, Malachit, Onyx,
Peridot, Selenit
BEHERRSCHT VON: Luft
CHAKRAS: Wurzel,
Solarplexus, Herz, Scheitel

Ehrgeiz, Energie,
Reinigung, Großzügigkeit,
Manifestation,
Motivation, Läuterung,
Heiligkeit, Stärke, Sieg

Palmen sind divers und majestätisch, haben deshalb einen ganz besonderen Platz im Herzen und in der Seele der Menschen. Manche ragen selbstbewusst empor und heben sich klar vom Himmel ab, während andere in einer Explosion aus Taupe und Grün aus dem Boden schießen. Egal welche Art: Palmen sorgen immer für Aufregung, Möglichkeiten, Kraft und spirituelle Verbundenheit.

Palmen haben seit jeher Sieg, Festlichkeit und Heiligkeit symbolisiert. Der Weg siegreicher Soldaten wurde mit Palmblättern bestreut, Könige und Priester wurden damit geweiht – die damalige Entsprechung eines roten Teppichs.

Holz, Blätter und Rinde der Palmen sind nicht nur nützlich, mit ihnen lässt sich auch Magie heraufbeschwören. Dank ihrer Affinität zum Element Luft ergibt Palmholz einen mächtigen Zauberstaub. Getrocknete Palmzweige hingegen sind ideale Besen für das Hinwegfegen von abgestandenen, unerwünschten Energien. Palmzweige verbessern auch die Motivation, die Festlichkeit und die spirituelle Verbundenheit. Beschwört motivierende Palmenenergie herauf, wenn ihr etwas mehr Elan für ein Projekt oder den Alltag braucht.

Palmen sind *die* Motivationscoaches der Pflanzenwelt. Verbindet euch mit ihrer Energie, wenn ihr euch als Opfer, entmutigt oder deprimiert fühlt. Setzt euch zu einer Palme, bittet sie, ihre Energie von Macht und Sieg mit euch zu teilen. Sitzt einfach nur da und atmet mit ihr, während ihr euch der Palmenlebensfreude und -stärke öffnet. Welche Gefühle tauchen auf?

Die zähe und dennoch nachgiebige Palme erinnert uns daran, unser innere Stärke und Flexibilität zu finden. So lernen wir, uns zu beugen, zu tanzen – egal, welcher Wind weht.

PFLEGE:
Zimmerpalmen bevorzugen helles bis moderates, indirektes Licht und regelmäßiges Gießen. Freilandpalmen lieben die pralle Sonne.

PASSIFLORA

Passionsblume

Vor Wand oder Zaun
pflanzen, damit sich
die Passionsblume
daran emporrankt
und den Garten um
Schönheit, Fülle und
Spiritualität ergänzt.

KRISTALLE: Amethyst, Apophyllit,
Citrin, Klarer Quarz, Fluorit,
Labradorit, Rosenquarz
BEHERRSCHT VON: Wasser
CHAKRAS: Sakral, Herz,
Drittes Auge, Scheitel

Fülle, Kreativität,
Intuition, Empfäng-
lichkeit, Entspan-
nung, spirituelle
Verbundenheit und
Weiterentwicklung

Mit Blüten, die nur so explodieren vor Kreativität, und Blättern, die ganze Fassaden bedecken können, spricht die Passionsblume all unsere Sinne an. Sie ist resilient und unabhängig. Sie weiß, was sie sich nehmen muss, um zu überleben. Gleichzeitig kann sie auch geben.

Magisch gesehen, öffnet die Passionsblume Türen zu allen Sinnen. Sie hilft uns, unsere Intuition anzuzapfen. Wenn wir lernen, über das Gewohnte hinaus zu sehen, zu hören, zu fühlen, zu wissen, ist sie eine wichtige Verbündete. Insofern überrascht es nicht, dass sie auch hilft, Liebe und Leidenschaft heraufzubeschwören. Ihre Blätter, Blüten und Stängel lassen sich für Tees und Tinkturen oder getrocknet für Tees, Zauberbeutel, Zaubergläser und Kerzenzauber verwenden. Legt eine ihrer inspirierenden Blüten auf euren Altar, um Inspiration und Kreativität zu befördern.

Um den Stamm der Passionsblume winden sich winzige, spiralförmige Ranken, perfekte Korkenzieherlocken, die sich an jede Oberfläche heften und ihr helfen, dort emporzuranken, wo sie will. Die Spirale ist eine heilige Form, eng verbunden mit den kreativen Kräften des Lebens. Die anpassungsfähigen, spiralförmigen Ranken bezeugen die Fähigkeit der Passionsblume, uns beim Entspannen zu helfen und Informationen mit allen Sinnen aufzunehmen. Sie kann auch negative Gedankenspiralen beruhigen, uns daran erinnern, dass wir Ruhe brauchen und der Körperintelligenz vertrauen dürfen. Indem sie intensiv mit unserem Sakral-, Herz- und Drittes-Auge-Chakra arbeitet, hilft uns die Passionsblume, uns der belebenden Lebensenergie zu öffnen. Sie stimuliert unsere Intuition und Kreativität, indem sie überschüssige Kopfenergie bändigt.

Die unentwegt über sich hinauswachsende Passionsblume erinnert uns daran, Sorgen loszulassen und für die stets präsente Liebe und Führung der Natur sowie für unsere eigene Intuition offen zu sein.

PFLEGE:
Sie bevorzugt volle bis teilweise Sonne und staunässefreie, regelmäßig gegossene Erde.

PERSEA AMERICANA

Avocado

Einen sauberen Avocadokern unters Bett legen, um die Leidenschaft zu entfachen.

KRISTALLE: Apatit, Blutstein, Citrin, Smaragd, Lepidolit, Rosenquarz, Rauchquarz, Türkis
BEHERRSCHT VON: Wasser
CHAKRAS: Sakral, Solarplexus, Herz, Hals

Ruhe, Heilung, Leidenschaft, romantische Liebe, Selbstvertrauen, Selbstliebe

Die Avocado mag vor allem für ihre buttrigen, nahrhaften Früchte bekannt sein, doch nur wenige wissen, welch mächtige Magie in ihren Blättern steckt.

Magisch gesehen, befördert die Avocado Gesundheit und Liebe, vor allem Selbstliebe und romantische Liebe. Mit ihrer Wasseressenz beruhigt sie hitzige Situationen. Sie glättet und besänftigt bei Streit, Konfrontationen und Gedanken, die das Selbst beschneiden. Die Avocado ist sehr großzügig mit ihrer Magie: Man kann ihre ausgehöhlte Schale als Opfergefäß, als Kerzenständer, als natürliche Farbquelle oder zum Kompostieren verwenden. Ihre cremige Frucht lässt sich für Kochzauber nutzen, um Gesundheit und Luxus zu fördern, ist aber auch eine tolle Zutat für Schönheitsrituale, die Haar und Haut zugutekommen. Avocadoblätter können zu Gesundheitstees und Wickeln verarbeitet werden, aus Avocadokernen lässt sich hochwirksamer Tee, magisches Werkzeug oder ein neuer Avocadobaum gewinnen.

Energetisch ist die Avocado zuversichtlich, nährend und unterstützend. Sie erinnert uns an unseren unverzichtbaren Selbstwert. Ihr ist bewusst, wer sie ist, und setzt sich durch. Die Avocado weiß, dass sie toll ist, ohne eingebildet zu sein. Stattdessen besitzt sie den Charme einer Person, die sich so gut kennt und liebt, dass es ihr egal ist, was andere denken. Die Avocado stürzt sich mit Haut und Haar in alles, was sie tut, macht radikale, bedingungslose Selbstliebe zur obersten Priorität.

Die lindernde, aber auch mächtige Avocado will, dass wir unser ganzes Selbst in den Blick nehmen, alles an uns nähren und lieben – wohl wissend, dass wir es tatsächlich wert sind.

 PFLEGE:
Sie braucht die pralle Sonne, staunässefreie Erde und ein tropisches/gemäßigtes Klima.

PHILODENDRON

Philodendron in Spiegelnähe aufstellen (bei genügend Sonne!), der Pflanze und euch selbst liebevoll zureden, wenn ihr vorbeigeht.

KRISTALLE: Achat, Amazonit, Klarer Quarz, Citrin, Grüner Quarz, Sodalit, Tigerauge
BEHERRSCHT VON: Wasser
CHAKRAS: Wurzel, Sakral, Solarplexus, Herz

Fülle, Gemeinschaft, Selbstvertrauen, Leichtigkeit, Ausdrucksfähigkeit, Unterstützung

Die vielförmigen, ledrigen Blätter des Philodendron machen ihn zu einer der beliebtesten Zimmerpflanzen. Sein Name kommt aus dem Griechischen, Philodendron bedeutet Liebhaber (*philo*) von Bäumen (*dendron*), weil sie sich gern um Bäume rankt.

Die Magie von Philodendron macht uns empfänglich für die Fülle des Universums. Diese Pflanze weiß, dass Erde und Kosmos ihr alles geben, was sie braucht, um in Aktion zu treten, zu wachsen und Erfolg zu haben! Ihre Magie beinhaltet auch Eigenständigkeit, Selbstwertgefühl und Selbstliebe. Philodendrons liebevolle Aura hüllt euch in die Liebe, die die Pflanze für sich und euch empfindet. Stellt Philodendron für mehr Unterstützung und Liebe neben euren Altar – vor allem wenn ihr daran arbeitet, eure Selbstliebe zu verbessern.

Philodendron-Aura fühlt sich an wie der aufregende Beginn eines neuen Abenteuers, wie die Freude, heimzukehren. Immer wieder gibt es neue Blatttriebe, da die Pflanze nach Ausdehnung sucht, durch ihre glatten, streichelzarten Blätter aber auch lindernde Yin-Energie spendet. Obwohl sie vollkommen unabhängig ist, kennt sie auch die Freuden und Notwendigkeiten von Gemeinschaft. Sie erinnert uns daran, dass wir alle in einem Boot sitzen, uns gegenseitig helfen sollten.

Um eine Extraportion Selbstliebe zu generieren, benennt eine Philodendronpflanze nach euch. Redet ihr jeden Tag liebevoll zu, sprecht sie mit eurem Namen an. Sagt so etwas wie »Du wächst wunderbar, Rachael« oder »Rachael, ich liebe es, wie du strahlst«. Macht das einen Monat lang und spürt, wie eure Selbstliebe wächst.

Philodendron, der an sich glaubt, sich selbst vorbehaltlos liebt, erinnert uns daran, dass wir das ebenfalls tun dürfen.

PFLEGE:
Philodendron bevorzugt moderates, indirektes Sonnenlicht, die oberste Erdschicht darf zwischen dem Gießen austrocknen.

PINUS

Kiefer

Im Winter einen frischen Kranz aus Kiefernzweigen an die Haustür hängen, um Gesundheit und Wohlstand anzuziehen.

KRISTALLE: Bernstein, Amethyst, Azurit, Calcit, Citrin, Klarer Quarz, Fuchsit, Rauchquarz
BEHERRSCHT VON: Luft
CHAKRAS: Sakral, Herz, Drittes Auge, Scheitel

Klarheit, Reinigung, Heilung, Intuition, Langlebigkeit, Loyalität, Wohlstand, Schutz, Weisheit

Der uralte, beobachtende und immergrüne *Pinus* hat in den Jahrmillionen, seit es ihn auf der Erde gibt, jede Menge Wissen angesammelt. Wissen, das er großzügig mit uns teilt.

Die Magie der Kiefer ist reinigend, energetisierend, heilsam und im Überfluss vorhanden. Ihre Rinde und ihr Harz ergeben intensiven Weihrauch, und ihre Nadeln können verbrannt oder ausgekocht werden, um ihren intensiven Duft und die entsprechende Energie abzugeben. Kiefernnadeln energetisieren, sie stärken das Immunsystem, und ihre ätherischen Öle reinigen, heilen und entspannen. Kiefernzapfen dienen als Altarschmuck oder werden für Zauber verwendet, die Fülle, hellseherische Fähigkeiten, Klarheit und Erfolg fördern sollen. Kleine Kiefernzweige hingegen sind gute Besen zur Energiereinigung.

Die Energie von *Pinus* ist unterstützend, aufmerksam, weise und erleuchtend. Sie ist besonders eng mit dem Drittes-Auge-Chakra verbunden, dem Energiewirbel, der unsere Fähigkeit, Zugang zu unseren spirituellen Gaben und unserer intuitiven Weisheit zu bekommen, beeinflusst. Vor allem Kiefernzapfen stehen in Verbindung mit der Zirbeldrüse, einem geheimnisumwobenen, winzigen Organ, das vom Drittes-Auge-Chakra regiert wird und sich zwischen unseren Hirnhälften befindet. Die Zirbeldrüse heißt so, weil sie an einen Zirbelkiefernzapfen erinnert. Sie ist für unseren Schlaf-Wach-Rhythmus verantwortlich. Diese Drüse soll auch ein Pfad zu spiritueller Erleuchtung sein. Indem er das Drittes-Auge-Chakra beeinflusst, erinnert uns *Pinus* daran, auf unsere Intuition zu vertrauen und ständige Grübeleien und zu laute Stimmen im Kopf abzustellen, stärker auf die Sinne und den Körper zu hören.

Die starke, aufmerksame Kiefer schärft unsere Sinne und lehrt uns, unseren Horizont zu erweitern, präsent zu sein und uns mit anderen zu verbinden.

 PFLEGE:
Kiefern bevorzugen die pralle Sonne und staunässefreie Erde.

QUERCUS

Eiche

Tragt eine Eichel bei euch, um das Glück anzuziehen.

KRISTALLE: Schwarzer Turmalin, Karneol, Coelestit, Citrin, Klarer Quarz, Herkimer-Diamant, Malachit, Oranger Calcit, Pyrit
BEHERRSCHT VON: Wasser
CHAKRAS: alle

Fülle, Mut, Langlebigkeit, Liebe, Schutz, Souveränität, spirituelle Welten, Weisheit

Die mächtigen, beschützenden und in vielfacher Hinsicht nützlichen Eichen geben allen Schutz, die sich unter ihnen versammeln.

Diese majestätischen Bäume, die bis zu 45 Meter hoch werden können und mehr Wasser enthalten als die meisten Bäume, sind anfällig für Blitzschlag. Kein Wunder, dass sie den griechischen und nordischen Göttern Zeus und Thor heilig waren. Vom Blitz getroffenes Eichenholz ist besonders mächtig, daraus lassen sich magische Talismane und Schmuckgegenstände herstellen.

Eichen besitzen eine mächtige Schutzaura, sie strahlen Chancen, Mut, Zusammengehörigkeitsgefühl und Liebe aus. Trotz ihrer starken maskulinen Yang-Energie ist ihre feminine Energie ebenfalls gut ausbalanciert. Das erkennt man an ihren anmutigen, gewundenen, gebogenen Zweigen. Unter der Erde strecken sie die Wurzeln in die Tiefe und Breite, spiegeln so ihre Krone wider.

»Auch ihr verbindet Himmel und Erde«, flüstern uns die Eichen zu. »Fürchtet nicht eure Menschlichkeit, macht Liebe daraus. Konzentriert euch auf Schönheit, Zusammengehörigkeitsgefühl und Einzigartigkeit. Vergesst nicht: Ein jeder von uns entstammt der einen Liebe. Jede von uns lässt Liebe wachsen.«

Die Eichen, die Himmel und Erde miteinander verbinden, erinnern uns daran, Wurzeln zu schlagen und uns nach der Liebe zu strecken, die uns umgibt und durchströmt, damit uns unsere Göttlichkeit bewusst wird.

PFLEGE:
Nah am Wasser pflanzen oder oft gießen, da sie viel Wasser brauchen.

EICHEN-
MEDITATION

Beginnt euren Tag mit einer erdenden, energetisierenden Baummeditation, um lebensbejahende Energie von Erde, Sonne, ja der
gesamten Natur zu empfangen. Vielleicht wollt ihr euch während
dieser Meditation zu einer Eiche setzen, falls ihr eine in der Nähe
habt? Die Meditation lässt sich auch in Innenräumen machen, sie
wird euch erden und eure Energie weithin strahlen lassen –
egal, wo ihr seid.

+ Setzt euch oder legt euch hin, schließt die Augen und atmet tief durch.
+ Lenkt die Aufmerksamkeit auf Po und Füße. Stellt euch vor, wie wunderschöne Wurzeln hervorspießen, tief in die Erde hinabreichen, sich mit anderen Wurzeln, Kristallhöhlen und unterirdischen Flüssen verbinden. Erlaubt euch, Wurzeln zu schlagen, während ihr tief weiteratmet.
+ Beim Einatmen spüren, wie die Füße die Erdenergie aufnehmen. Beim Ausatmen spüren, wie euch die Wasser-, Mineral- und Kristallenergie durchströmt.
+ Wieder einatmen, spüren, wie die Erdenergie von den Füßen bis zum Scheitel fließt, euch ganz ausfüllt. Beim Ausatmen stellt ihr euch vor, wie dicke, blattbesetzte Zweige aus eurem Kopf zur Sonne empor sprießen.
+ Einatmen, die warme strahlende Energie von oben und die liebevolle Energie von unten spüren, die euch mit jedem Atemzug durchströmt.
+ Steigt ein Gefühl auf, dann nehmt es an, ohne es zu werten oder zu rechtfertigen. Lasst es einfach vorbeiziehen.
+ Stellt euch einen Baum vor. Bittet ihn, sein Wissen mit euch zu teilen.
+ Atmet, während ihr zulasst, dass der Baum Kontakt zu euch aufnimmt. Die rechte Hand aufs Herz legen und die linke knapp unter den Bauchnabel, weiter durchatmen und die lebensbejahende Energie aufnehmen.
+ Dem Baum dankend weiteratmen. Wenn ihr so weit seid, öffnet die Augen.
+ Notiert die Visionen, Emotionen oder Botschaften, die ihr empfangen habt. Begegnet dem Alltag nun geerdeter, präsenter, energetisierter und inspirierter.
+ Verbindet euch mit:
    … der Eiche, um eure Göttlichkeit zu spüren.
    … der Weide, um Leid loszulassen.
    … dem Eukalyptus für frische Perspektiven.
    … der Kiefer für eine bessere Intuition.
    … der Avocado, um euren Selbstwert zu spüren.
    … dem Holunder, um euren inneren Heiler heraufzubeschwören.
    … dem Apfelbaum, um euch auf die Verbundenheit mit der Welt zu besinnen.
    … dem Zitronenbaum, um euch zu energetisieren.
    … dem Drachenbaum, um euch zu motivieren.
    … der Palme, um euer Wachstum zu feiern.

ROSA

Rose

Rosen als Schnittblu-
men in die hinterste
rechte Ecke eures
Zuhauses oder Zim-
mers stellen, um Lie-
be und Partnerschaft
anzuziehen.

KRISTALLE: Karneol, Chrysokoll,
Smaragd, Jade, Rhodonit,
Rosenquarz, Rauchquarz
BEHERRSCHT VON: Wasser
CHAKRAS: Sakral, Solarplexus,
Herz, Scheitel

Akzeptanz, Göttlich-
keit, Weiblichkeit,
Intuition, Langlebig-
keit, Schutz,
Empfänglichkeit
Sinnlichkeit,
Stresslinderung

Die einladende und schützende Magie der Rose ist sinnlich, intelligent, seidig und dornig, eine sichtbare Erinnerung daran, dass Liebe sowohl sanft als auch heftig sein kann.

Magisch gesehen, wird die Rose oft benutzt, um Liebe aller Art anzuziehen: Romantik, Freundschaft und Selbstliebe. Aber vergesst nicht ihre schützende Kraft: Rosenblüten an dornigen Zweigen sind mächtige Schutzamulette für euer Zuhause.

Die Rose ist eine magische Verbündete, wenn es um Akzeptanz, Intuition und Empfänglichkeit geht oder darum, sich mit den göttlichen, weiblichen, nährenden, kreativen Energien zu verbinden. Sie repräsentiert den weiblichen Yin-Aspekt des Göttlichen, der bei patriarchalischen Gottesvorstellungen oft außen vor bleibt. Rosenblütenblätter trocknen rasch und behalten ihren Duft. Das macht sie zu tollen Zutaten für Schönheitselixiere, Zaubergläser, Potpourris und Zauberkerzen.

Keine Pflanze ist dem Herzchakra enger verbunden als die Rose. Wie das Herz hat die Rose eine starke, deutlich schwingende elektromagnetische Aura, die alle in ihre liebende Umarmung zieht. Ihre Energie veranlasst uns, innezuhalten, zu atmen, den Rosenduft und die herrliche Fülle unserer Umgebung wahrzunehmen. Die Rose stärkt unsere bedingungslose Liebe zum Leben und weiß, dass Liebe bei uns selbst beginnt.

Mit ihren sinnlichen Blüten erinnert uns die Rose daran, in Selbstliebe aufzublühen. Denn wenn wir uns selbst so bedingungslos lieben wie andere, verbinden wir uns mit der unendlichen Liebe um uns herum.

PFLEGE:
Sie bevorzugt einen hellen, sonnigen Ort und hasst Staunässe. Für schöne Blüten regelmäßig gießen und düngen.

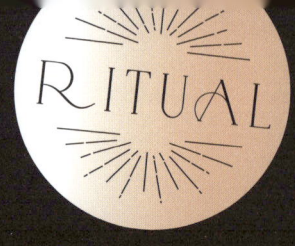
RITUAL

MAGISCHES ROSEN-KÖRPERPEELING

Schenkt euch die Aufmerksamkeit und Liebe, die ihr verdient …
und zwar mit diesem Peeling aus Rosenblütenblättern, Honig
und Meersalz. Die liebende, hautverwöhnende Energie der Rose
wird durch die Magie von Honig und Salz zusätzlich verstärkt.
Honig ist antibakteriell und antimykotisch, er lindert Fältchen
und hilft bei Wunden und Hautproblemen. Salz ist tatsächlich
eine Art Kristall, also energetisch hocheffektiv, wenn es darum
geht, die Aura und die Chakras zu läutern (deshalb fühlt sich
ein Bad im Meer auch immer so reinigend an). Grobes Salz
eignet sich auch hervorragend für ein Peeling. Das unterstützt
die Hauterneuerung und das Immunsystem, indem die Lymph-
drainage stimuliert wird.

SO STELLT IHR DAS PEELING HER

+ Legt eure Zutaten bereit und aktiviert eure Magie (s. S. 20), segnet eure Materialien.
+ Gebt das Salz und die Rosenblütenblätter in die Schale und vermengt sie. Ihr könnt beides auch erst im Mörser mit dem Stößel verreiben und dann in die Schüssel geben.
+ Macht den Honig warm und vermengt ihn im Messbecher gründlich mit dem Trägeröl. Diese Mischung dann unter das Salz und die Rosenblütenblätter rühren.
+ Das fertige Produkt in das Glasgefäß geben. Mit verschlossenem Deckel aufbewahren. Dieses selbst gemachte Peeling hält sich im Kühlschrank drei Monate.

SO BENUTZT IHR DAS PEELING

+ Betrachtet euch vor dem Baden kurz im Spiegel und berührt liebevoll Gesicht und Körper. Redet euch gut zu und staunt über all das, was der Körper für euch tut.
+ Nach einer heißen Dusche verteilt ihr das Peeling über den ganzen Körper. Reibt es im Uhrzeigersinn ein und denkt/sagt Dinge, die ihr an euch liebt und schätzt.
+ Gründlich abspülen und dafür sorgen dass das Wasser euer ganzes Wesen reinigt. Tupft euch trocken und tragt zum Schluss ein Körperöl auf, um die Magie zu versiegeln!

IHR BRAUCHT

2 Tassen Salz (am besten aus dem Toten Meer oder Himalaya-Salz für zusätzliche Heileffekte)

1 EL getrocknete, zerkleinerte oder zu Puder verriebene Bio-Rosenblütenblätter

½ Tasse Trägeröl wie Jojoba-, Avocado-, Mandel- oder geschmolzenes Kokosöl

1 EL Rohhonig

Eine Schale und einen Löffel

Einen Messbecher aus Glas

Ein luftdicht verschließbares, sterilisiertes (s. S. 23) Glasgefäß (z.B. ein Einweckglas)

Schnuppert an Rosmarin, wenn ihr lernt, unterrichtet oder euch Informationen dauerhaft einprägen wollt.

KRISTALLE: Achat, Amethyst, Apophyllit, Klarer Quarz, Diamant, Fluorit, Selenit
BEHERRSCHT VON: Feuer
CHAKRAS: Wurzel, Solarplexus, Herz, Drittes Auge, Scheitel

Aufmerksamkeit, Klarheit, Treue, Heilung, Gedächtnis, Schutz, Läuterung, Kraft

ROSMARINUS OFFICINALIS

✦ *Rosmarin* ✦

Rosmarinmagie ist schützend, stimulierend und reinigend. Rosmarinhecken dienen als energetische Zäune, sie bewahren alle, die hinter ihnen wohnen, vor negativen Energien. Pflanzt einen Rosmarin unter Fenstern und neben Türen, um Einbrüchen vorzubeugen. Ein Rosmarinzweig unter dem Kopfkissen bringt erhellende Träume und schützt vor Albträumen.

Rosmarin ist auch ein mächtiges Werkzeug, wenn es darum geht, sich zu konzentrieren und Klarheit zu gewinnen. Nutzt diesen Duft, wenn ihr lernt oder etwas vortragt. Er ist sehr gut darin, Informationen aus dem Gedächtnis abzurufen. Er hilft auch dabei, auf uralte Erinnerungen zurückzugreifen, die in unseren Zellen und unsterblichen Seelen gespeichert sind. Darüber hinaus fördert Rosmarin Loyalität und Treue, daher eignet er sich gut als magische Zutat für Liebeszauber.

Rosmarin ist energetisch reinigend. Seine Zweige lassen sich trocknen und dann als Räucherwerk verbrennen. Oder aber sie dienen als kleiner Besen, mit dem sich abgestandene, negative Energien hinwegfegen lassen. Frische Rosmarinzweige sind wunderbar, um die Aura zu reinigen: Dafür den Zweig vor dem Körper entlangführen, beginnend bei Füßen und Fingern, immer Richtung Herz, dann dreimal vor Gesicht und Kopf. Den Zweig anschließend kompostieren oder entsorgen!

Mit seinen festen Zweigen und Blättern erinnert uns der Rosmarin daran, stark zu bleiben, stets die Person vor Augen, die wir wirklich sind. Er hilft uns, Zugang zu unserem innersten Wesen und zu unserer unsterblichen Seele zu bekommen.

PFLEGE:
Rosmarin bevorzugt helles bis moderates Sonnenlicht und ein gemäßigtes Klima, keine Staunässe!

ROSMARIN-

TINKTUR FÜR
EIN BESSERES

GEDÄCHTNIS

Eine Tinktur ist eine botanische Medizin aus in Wodka,
Essig oder pflanzlichem Glycerin gelösten Pflanzenmaterialien. Die höchst effizienten, medizinischen Wirkstoffe gehen
so in die Flüssigkeit über. Die Rosmarintinktur unterstützt die
geistige Gesundheit und stärkt Konzentration und Gedächtnis.
Sie ist auch ein wirksames Werkzeug, um Unterbewusstes und/
oder Erinnerungen an vergangene Leben wachzurufen.

SO MACHT IHR DIE TINKTUR

+ Legt die Zutaten bereit, aktiviert eure Magie
  (s. S. 20) und segnet die Materialien. Schneidet den Rosmarin klein, damit er ins Glas passt.
+ Gießt so viel Wodka, Essig oder pflanzliches
  Glycerin in das Glas, dass der Rosmarin davon
  bedeckt ist.
+ Alles gut vermischen, Luftbläschen entfernen
  und darauf achten, dass nichts vom Rosmarin
  aus der Flüssigkeit hervorschaut. Das Glas
  vors Herz halten und Dank für den Rosmarin
  und euch selbst verspüren. Das Glas ver-
  schließen und an einem kühlen, trockenen Ort
  aufbewahren.
+ Die Tinktur mindestens vier bis sechs Wochen
  ziehen lassen. Zweimal die Woche sanft im
  Uhrzeigersinn verrühren, das Pflanzenmaterial
  bewegen und die Tinktur mit eurer Energie und
  euren Wünschen aufladen.
+ Ist die Tinktur fertig, seiht ihr sie bis zum letzten Tropfen durch das Tuch ins
  Glasgefäß.
+ Die Tinktur mit einem Trichter in ein Fläschchen umfüllen und an einem kühlen,
  dunklen Ort aufbewahren.

IHR BRAUCHT

1 Tasse gewaschene, frische
Rosmarinzweige

Wodka, Essig oder pflanz-
liches Glycerin

Messer oder scharfe Schere
und ein Schneidebrett

Luftdicht verschließbares
Glasgefäß mit Deckel
(z.B. ein Einweckglas)

Seihtuch

Messbecher aus Glas

Kleinen Trichter

Kleines dunkles Glasfläsch-
chen, am besten mit Pipette,
zur Aufbewahrung der
Tinktur

SO BENUTZT IHR DIE TINKTUR

+ Nehmt die Tinktur, wenn ihr lernt, etwas vortragt oder bei einer geführten
  Meditation, um das Unterbewusstsein anzuzapfen.
+ Eine Pipettenfüllung oder einen halben Teelöffel voll unter die Zunge tropfen
  und für einen Atemzug dort behalten, danach runterschlucken und tief ausatmen. Den Vorgang, falls nötig, stündlich wiederholen.

SALIX

Weide

Weidenzweige im Schlafzimmer sorgen für mehr spirituelle Verbundenheit.

KRISTALLE: Amethyst, Aquamarin, Calcit, Chrysokoll, Labradorit, Lapis-lazuli, Mondstein, Rosenquarz, Selenit
BEHERRSCHT VON: Wasser
CHAKRAS: alle

Akzeptanz, Träume, Harmonie, Heilung, Intuition, Liebe, Schutz, Pflege, Wiedergeburt, Loslassen

Die Weide heißt auch »Trauerweide«: Ihre Blätter enthalten eine mächtige Magie und Medizin zum Loslassen von Schmerz und Trauer. Tatsächlich werden ihre Blätter und ihre Rinde seit Jahrtausenden gegen Schmerz und Fieber genutzt.

Die Weide hat kräftige, tief reichende, durstige Wurzeln und eine große Affinität zu Wasser. Bei Dürre streckt sie sie in Tümpel und Teiche, ja durchbohrt sogar Rohre auf der Suche nach Feuchtigkeit. Die Weide ist auch eine mächtige Schöpferin. Ihre Ableger wachsen rasch zu neuen Bäumen heran. Ihr kräftiges und doch biegsames Holz lässt sich zu stabilen Körben flechten.

Die Magie der Weide ist schützend und nährend. Sie hilft uns vor allem dabei, Zugang zu tief sitzendem Schmerz zu erhalten, ihm Ausdruck zu verleihen und loszulassen. Die Weide weiß, dass man da einfach durch muss, dass es nichts bringt, ihn zu unterdrücken. Wegen ihrer langen Assoziation mit dem Mond eignet sich die Weide gut für Schattenarbeit, Traumanalysen und dafür, sich mit der kreativen Natur göttlicher Weiblichkeit zu verbinden. Legt einen Weidenzweig unters Bett, das hilft bei der Traumdeutung.

Die Weide ist der Inbegriff heilsamer Yin-Energie. Ihre weinenden Blätter erinnern uns an die Schönheit und Kraft, die entstehen, wenn man alte Verletzungen loslässt. Die Weide hat Platz für all unserer Persönlichkeitsfacetten, mag es aber besonders, mit uns in die Schatten einzutauchen.

Verbindet euch beim Meditieren mit der Weide, wenn ihr Trauer und Schmerz loslassen wollt.

Die Weide hilft uns, hinzuspüren und zu verarbeiten, sie hat Platz für unsere heilige Trauer und die nachhaltigen Lektionen, die sich aus der Katharsis ergeben, bei der wir den Schmerz ganz zu- und dann loslassen.

 PFLEGE:
An eine natürliche Wasserquelle pflanzen und ihr starkes Feuchtigkeitsbedürfnis im Auge behalten.

SALVIA

Salbei

Zerriebene, getrock-
nete Salbeiblätter in
alle vier Ecken eures
Zuhauses streuen,
um die Energie zu
reinigen und Fülle
anzuziehen.

KRISTALLE: Achat, Amethyst,
Schwarzer Turmalin, Calcit,
Fluorit, Selenit, Sodalit
BEHERRSCHT VON: Erde und Luft
CHAKRAS: Wurzel, Herz, Hals,
Drittes Auge, Scheitel

Fülle, Klarheit,
Neuanfänge,
Heilung, Läuterung,
Schutz, Heiligung,
Weisheit

Salvia ist eine weise Pflanzenvorfahrin, die ihre Gaben (Läuterung, Schutz und Heilung) großzügig mit uns teilt. Ihr wissenschaftlicher Name stammt vom Lateinischen *salvare*, was »retten« bedeutet.

Bei über 900 Salbeiarten werden drei besonders häufig für magische Zwecke genutzt: echter Salbei (*Salvia officinalis*), Weißer Salbei (*Salvia apiana*) und Muskatellersalbei (*Salvia sclarea*). Echter Salbei und Muskatellersalbei sind im Mittelmeerraum und Nordafrika beheimatet, während Weißer Salbei aus dem amerikanischen Südwesten und Mexiko stammt, wo er als heilige Pflanze gilt.

Seit einiger Zeit ist das Räuchern mit Salbei äußerst beliebt. So sehr, dass Weißer Salbei in manchen Gegenden schon als gefährdete Pflanze gilt. Dieser gedankenlose Konsum einer heiligen Pflanze entehrt die von den Indigenen praktizierte Pflanzenmagie. Statt Räucherbündel aus Weißem Salbei aus unbekannten Quellen zu kaufen, solltet ihr euer eigenes Räucherwerk aus anderen Salbeiarten sowie aus weiteren reinigenden, leicht verfügbaren Kräutern wie Rosmarin und Lavendel herstellen. Wenn ihr sie im eigenen Garten anpflanzen könnt, umso besser! Je verbundener ihr euch den Pflanzen fühlt, desto stärker die gemeinsam erzeugte Magie.

Salbei wird schon seit Jahrtausenden als heiliges Kraut zur Läuterung und spirituellen Verbundenheit verbrannt. Er schützt nicht nur, sondern fördert auch geistige Klarheit und Fülle. Er unterstützt uns dabei, uns den lebensbejahenden Energien zu überlassen, hilft uns, das Energiechaos zu ordnen, mit dem wir manchmal bombardiert werden.

Mit seiner Fähigkeit, energetisch wieder für ein unbeschriebenes Blatt zu sorgen, erinnert uns Salbei daran, dass wir stets neu anfangen können, wenn wir lernen, loszulassen.

PFLEGE:
Salbei bevorzugt helles bis moderates Sonnenlicht und staunässefreie Erde in einem gemäßigten Klima.

RÄUCHER-
BÜNDEL SELBER
✦ MACHEN ✦

Wenn ihr Kräuter wie Salbei verbrennt, reinigt ihr Räume, Menschen und Gegenstände körperlich wie energetisch. Der Rauch vertreibt Insekten, Luftkeime und unterschwellige Energien. Er sorgt für Klarheit und spirituelle Verbundenheit.

....

IHR BRAUCHT

Dicke Salbeizweige (mit einer sauberen Gartenschere geschnitten)

Küchengarn

Einen warmen, trockenen Ort zum Aufhängen und Trocknen der Kräuter

Wer will, kann Räucherbündel auch aus folgenden Kräutern und Blüten herstellen:

* Lavendel – für Entspannung und Intuition

* Minze – für Frische und Fülle

* Rosmarin – für das Gedächtnis und Klarheit

* Rosenblütenblätter – für Liebe und Wertschätzung

* Thymian – für Reinigung und Mut

SO MACHT IHR DAS RÄUCHERBÜNDEL

+ Die dicken Salbeizweige gut abspülen und trocknen, ihnen für ihre Heilkraft und Magie danken. Die Enden mit Küchengarn zusammenbinden, die Kräuter daran an einen Haken oder Nagel hängen – an einem trockenen Ort, aber nicht in der direkten Sonne.
+ Den Salbei mehrere Wochen trocknen lassen. Ihn zweimal die Woche kontrollieren und drehen, bis sich die Blätter vollkommen hart und trocken anfühlen.
+ Das Küchengarn entfernen und die Kräuter bündeln.
+ Eure Magie aktivieren (s. S. 20) und eure Materialien segnen.
+ Die Enden wieder mit Küchengarn umwickeln, einen festen Knoten machen. Dann alles bis auf die oberen 5 cm umwickeln, zwischen den Wicklungen jeweils 1 cm frei lassen.

SO BENUTZT IHR DAS RÄUCHERBÜNDEL

+ Das Räucherbündel verbrennen, um euren Raum, eure Gegenstände und euch selbst zu reinigen und zu heiligen.
+ Für energetische Reinigung dankt ihr zunächst dem Kraut und euch selbst für dieses energetische Werkzeug. Beschreibt anschließend mit dem Bündel Kreise gegen den Uhrzeigersinn: siebenmal oder wie oft es sich gut anfühlt.
+ Um einen Raum zu energetisieren, dankt und lasst den Rauch im Uhrzeigersinn kreisen. Nur so viel von dem Räucherbündel verbrennen wie nötig. Ein paar Minuten Räuchern reichen oft aus, um alles zu reinigen und zu läutern.

SAMBUCUS NIGRA

Schwarzer Holunder

Einen Holunder in
Hausnähe anpflanzen,
um Wohlstand
und Sicherheit
anzuziehen.

KRISTALLE: Amethyst, Karneol,
Citrin, Klarer Quarz, Obsidian,
Tigerauge, Türkis
BEHERRSCHT VON: Wasser
CHAKRAS: Sakral, Solarplexus,
Herz, Hals, Drittes Auge

Geburt und Tod,
Heilung, Immunität,
Intuition,
Vermächtnis,
Wohlstand, Schutz,
Läuterung

Holunder ist die reinste Apotheke: Die Pflanze besitzt eine starke Energie für Heilung und Erholung. Sie ist zwar großzügig mit ihrer Medizin, erwartet aber auch Respekt. Blätter, Beeren, Blüten und Rinde enthalten alle hochwirksame Stoffe, die allerdings giftig sein können, wenn sie nicht richtig zubereitet werden. Dann schaden sie denjenigen, die eigentlich Heilung suchen. Nur einige wenige Holunderarten (wie der *Sambucus nigra*) haben essbare Blätter, Blüten und Beeren. Die Art also gründlich bestimmen, bevor ihr sie benutzt!

Holunderholz ist ein hochwirksames magisches Werkzeug. Daraus werden Zauberstäbe und Pfeifen hergestellt. Trotzdem bringt es Unglück, einen Holunderbaum zu fällen oder sein Holz zu verbrennen. Die Pflanze hat eine enge Verbindung zu Mutter Erde und Hexerei. Holunder ist ein Archetyp, so was wie eine weise alte Frau, die weiß, was sie kann. Sie ist mit dem Schoß der Erde und dem Zyklus des Lebens, mit Tod und Wiedergeburt verbunden und hilft uns, auch in unserem Leben Momente der Wiedergeburt zu finden.

Weil sie eng mit Heilung verknüpft ist, fördert die Holunderpflanze unsere Regeneration. Sie unterstützt Transformationen, hilft uns, herauszufinden, was in unserem Leben wir sterben lassen müssen, damit etwas Besseres wiedergeboren werden kann. Sie drängt uns, unser Vermächtnis in den Blick zu nehmen, das, was wir zurücklassen möchten. Holunder verkündet die übergeordnete Bedeutung, hilft uns, unser Leben aus einer höheren Warte zu betrachten, zu sehen, was alles aus Herausforderungen und vermeintlichem Scheitern erwachsen ist.

»Keine Angst vor Trauer!«, lehrt uns der Holunder. Er hilft uns, Übergänge als Teil des Lebens zu akzeptieren und die Herausforderungen als Wege zum Wandel zu begrüßen.

PFLEGE:
Er bevorzugt die pralle Sonne und mag keine Staunässe.

HOLUNDER-SIRUP
✴ FÜRS ✴
IMMUNSYSTEM

Holundersirup wirkt gegen Husten, Erkältungen und Grippe, außerdem stärkt er das Immunsystem. Es gibt viele Rezepte für Holundersirup, aber dieses mag ich am liebsten. Nicht jede Holunderbeere ist essbar, also verwendet bitte nur Beeren des Schwarzen Holunders und esst nie rohe Holunderbeeren, denn davon kann einem schlecht werden.

....

IHR BRAUCHT

½ Tasse getrocknete Holunderbeeren (der Art *Sambucus nigra*)

2 Tassen Wasser

1 Tasse Honig

Wer möchte, kann 1 EL geschälte, klein gehackte Ingwerwurzel oder ¼ TL gemahlenen Ingwer, 2 Nelken und 1 Stange Zimt dazugeben

Feuerfesten Topf

Großen Holzlöffel

Sieb

Große Schüssel

Luftdicht verschließbare, sterilisierte (s. S. 23) Gläser oder Flaschen

SO MACHT IHR DEN SIRUP

+ Legt die Zutaten bereit, aktiviert eure Magie (s. S. 20) und segnet die Materialien.
+ Wascht die Holunderbeeren und gebt sie mit dem Wasser in den Topf. Für mehr Geschmack, Medizin und Magie Ingwer, Nelken und Zimt hinzufügen.
+ Deckel auf den Topf legen und alles sanft 30–45 Minuten köcheln lassen.
+ Den Trank siebenmal gegen den Uhrzeigersinn umrühren, tief atmen. Beim Ausatmen alte Energien und Stress loslassen.
+ Dann mindestens siebenmal im Uhrzeigersinn rühren und tief atmen. Stellt euch bei jeder Einatmung vor, wie euch goldenes Licht von der Erde und vom Kosmos von den Füßen bis zum Kopf durchströmt. Spürt, wie diese Energie euer Solarplexuschakra füllt und über die Hände den Holundersirup auflädt, den ihr gerade zusammenrührt.
+ Den Trank durchs Sieb in die Schüssel geben. Die Beeren mit dem Löffel zerdrücken, damit sie noch mehr Heilkraft freisetzen. Den Beerenbrei kompostieren oder entsorgen.
+ Honig hinzugeben und alles abschmecken. Gut vermengen.
+ Den Sirup in die Gläser oder Flaschen gießen und im Kühlschrank zwei bis drei Monate aufbewahren.
+ Wenn ihr spürt, dass sich Husten oder Verstopfung ankündigt, 1–3 EL Sirup täglich einnehmen, bis die Symptome verschwunden sind.

RITUAL

Neben Türen und Eingänge stellen, um Negativität zu vertreiben und die positiven Schwingungen zu schützen.

KRISTALLE: Achat, Schwarzer Turmalin, Citrin, Klarer Quarz, Fluorit, Pyrit, Malachit
BEHERRSCHT VON: Feuer und Erde
CHAKRAS: Wurzel, Solarplexus, Herz, Scheitel

Fülle, Erweiterung, Grenzen, Unabhängigkeit, Motivation, Schutz, Läuterung

SANSEVIERIA TRIFASCIATA

✳ ✦ ✳ ✦ *Bogenhanf* ✦ ✳ ✦ ✳

Bogenhanf oder *Sansevieria* hat wunderschön gemusterte, stabile Blätter. Es gibt viele verschiedene Arten, die alle skulptural wirken und sich toll arrangieren lassen. Deshalb ist Bogenhanf eine beliebte Zimmerpflanze – nicht zuletzt wegen seiner Magie. Im Volksmund wird Bogenhanf auch »Schwiegermutterzunge« genannt, denn die Blätter sind spitz und ähneln Schwertern. Bogenhanf ist also ein magisches Werkzeug zur Selbstverteidigung und für Angriffe, schützt vor unerwünschten Energien und zieht erwünschte an.

Magisch gesehen, ist Bogenhanf wunderbar geeignet, Schutz zu bieten und Grenzen zu ziehen. Wie ein Ritter an der Haustür ist Bogenhanf ein idealer Wächter. Er beseitigt unliebsame Energien und zieht Grenzen, über die wir gerne hinauswachsen möchten.

Stark, widerstandsfähig und fest entschlossen, strotzt Bogenhanf nur so vor aktiver Yang-Energie. Deshalb ist er ideal für Büroräume, Studios oder Fitnesscenter – überall da, wo man einen extra Motivationsschub gebrauchen kann. Die Pflanze bevorzugt zwar ein wärmeres Klima, ist aber sehr anpassungsfähig und kommt mit unterschiedlicher Sonneneinstrahlung und Bodenbeschaffenheit zurecht. Bogenhanf wächst üppig, vermehrt sich von selbst. Im Grunde sieht er aus wie ein Ausrufezeichen: Er strotzt nur so vor Energie und Tatkraft. Die Pflanze nicht zu nah am Schlafzimmer aufstellen, sonst kommt ihr schlecht zur Ruhe.

Mit seiner markanten, schützenden Präsenz lehrt uns Bogenhanf, unsere Grenzen auszubalancieren und so anzupassen, dass wir nach und nach weiterwachsen können.

PFLEGE:
Bogenhanf bevorzugt schwaches bis helles, indirektes Licht.
Nur gießen, wenn die Erde trocken ist, in den Sommermonaten mehr,
im Winter weniger.

BOGENHANF-SCHUTZ- & ANZIEHUNGS- ☾ ✦ ZAUBER ✦ ☽

Wegen seiner schützenden Eigenschaften ist Bogenhanf ein Muss für jedes Zuhause oder jeden Arbeitsplatz. Bei diesem Ritual lasst ihr ihn für euch arbeiten, indem ihr beim Einpflanzen oder Arrangieren der Pflanze Schutz und Wünsche heraufbeschwört.

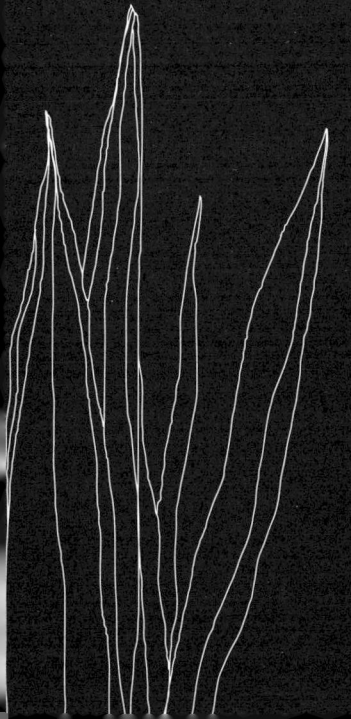

IHR BRAUCHT

Bogenhanf, egal welcher Größe

Pflanzgefäß

Nach Belieben: staunässefreie Erde (wie Sukkulentenerde), wenn ihr den Bogenhanf einpflanzt

Einen Ort in eurem Zuhause oder an eurem Arbeitsplatz

SO WIRKT DER ZAUBER

+ Achtet auf eure Atmung, während ihr den Bogenhanf einpflanzt oder arrangiert.
+ Aktiviert eure Magie (s. S. 20) und segnet die Pflanze.
+ Während ihr die eingetopfte Pflanze an den gewünschten Ort stellt, haltet die Hände darüber und rezitiert (laut oder im Geiste) folgenden Zauberspruch (oder etwas Ähnliches):

Während ich diesen Bogenhanf aufstelle, verfüge ich, dass sich dieser Ort mit den besten Energien verbindet. Hier sind Schutz, Entschlusskraft und Stärke zu Hause, Fülle und Widerstandskraft werden mich nie verlassen. So sei es.

+ Lasst die Hände im Uhrzeigersinn siebenmal (oder sooft es sich gut anfühlt) über der Pflanze kreisen, stellt euch vor, wie goldenes Licht aus euren Händen kommt und die Pflanze auflädt, um eure Wünsche zu besiegeln und die Pflanze noch mehr mit eurer Energie aufzuladen.
+ Dankt dem Bogenhanf für seinen Schutz und seine Empfänglichkeit, indem ihr liebevoll seine Blätter streichelt.

SEMPERVIVUM

Hauswurz

Einen Topf mit Haus-
wurz in Eingangsnähe
ans Fenster stellen,
um Fülle und Heilung
anzuziehen.

KRISTALLE: Achat, Apophyllit,
Karneol, Klarer Quarz, Citrin,
Lepidolit, Malachit
BEHERRSCHT VON: Erde und Luft
CHAKRAS: Sakral, Solarplexus,
Herz, Drittes Auge, Scheitel

Fülle, Kreativität,
Kooperation,
Heilung,
Langlebigkeit,
Schutz, Resilienz

Mit ihren wunderschönen Büscheln verströmt Hauswurz oder *Sempervivum* (was auf Latein »immer lebend« bedeutet) eine Kraft, die ausschließlich auf Kooperation, Heilung und Liebe beruht.

Im alten Griechenland stellte man Töpfe mit Hauswurz innen an die Fenster, um Liebe und Fülle heraufzubeschwören. In Europa glaubte man, aufs Dach gepflanzte Hauswurz würde vor Blitzschlag und Feuer schützen, für Wohlstand und gute Gesundheit sorgen. Die unabhängige, widerstandsfähige Hauswurz ist anders als die meisten Sukkulenten, die eher warme Temperaturen bevorzugen. Ihr Gemeinschaftssinn, der sich auch darin zeigt, dass sie in dichten Büscheln wächst, hält sie selbst im kältesten europäischen Winter warm.

Hauswurz ist sehr ausgewogen, was die heilsame Yin- und die aktive Yang-Energie betrifft. Beherrscht von motivierendem Feuer und schützender Erde, hilft uns Hauswurz, auch unsere Energien auszubalancieren. Hauswurz ermutigt uns, nicht nur auf den Kopf, sondern auch auf unseren Körper zu hören. Hauswurz braucht wenig Pflege, aber Artgenossen, um gedeihen zu können, und schenkt uns die Weisheit des Scheitelchakras – wohl wissend, dass wir alle Ausdruck eines größeren Ganzen sind.

Der Gemeinschaftssinn der Hauswurz, ihre Widerstandsfähigkeit, Verbundenheit lehrt auch uns, eine Gemeinschaft zu bilden, damit wir unser jeweiliges Wachstum unterstützen können.

 PFLEGE:
Sorgt für helles, bis moderates, indirektes Sonnenlicht und gießt nur dann, wenn die Erde trocken ist.

SYNGONIUM PODOPHYLLUM

✳ *Purpurtute* ✳

Für eine bessere Meditation oder Innenschau an einen heiligen Ort oder auf euren Altar stellen, im Schlafzimmer sorgt sie für Erholung.

KRISTALLE: Achat, Amethyst, Angelit, Karneol, Coelestit, Citrin, Labradorit, Rosenquarz, Selenit
BEHERRSCHT VON: Wasser
CHAKRAS: Wurzel, Solarplexus, Herz und Scheitel

Ausrichtung, Balance, Mut, Heilung, herzzentriert, Schutz, spirituelles Wachstum, Kraft

Purpurtute gedeiht auf dicht bewachsenen, schattigen tropischen Wald-
böden, sie kann sich emporranken, um mehr kostbares Sonnenlicht abzu-
bekommen. Sie hat gelernt, das Bekannte, Bequeme hinter sich zu lassen,
all ihren Mut zusammenzunehmen, um die Bäume zu erklettern und sich auf
ihre Höhe zu begeben.

Magisch gesehen, ist die Purpurtute schützend und heilend. Wie das Element
Wasser, das sie beherrscht, hat sie Platz für alle unsere Emotionen, auch für
Trauer, Ängste und Traumata. Sanft erinnert sie uns an die Fähigkeiten und
den Mut, die wir in uns tragen. Ihre herzförmigen Blätter künden von ihrer
Fähigkeit, uns in engen Kontakt mit unserem Herzen zu bringen. Insofern ist
die Purpurtute perfekt für innere Arbeit geeignet. Stellt sie auf euren Altar
oder an einen heiligen Ort, an dem ihr meditiert, Tagebuch schreibt und
nachdenkt. Die Fähigkeit der Purpurtute, standhaft zu bleiben und Mut zu
wecken, macht sie zu einer mächtigen Verbündeten für Heilung – vor allem
in therapeutischen Räumlichkeiten und solchen, in denen Energiearbeit
stattfindet.

Yin- und Yang-Energie sind bei der Purpurtute ausgeglichen. Insofern ist sie
ideal, um die Energie eines jeden Ortes auszubalancieren. Bei uns zu Hause
besticht sie durch ihre Anmut, Stärke, ihren Schutz und ihre herzfokussierte
Art.

**Die herz- und pfeilförmigen Blätter der Purpurtute erinnern uns daran,
unserem Herzen zu folgen: Es schickt uns immer in die richtige Richtung.**

PFLEGE:
*Sie bevorzugt moderates bis helles, indirektes Licht, kommt aber auch mit
wenig zurecht. Regelmäßig gießen, die Erde leicht austrocknen lassen.*

TANACETUM PARTHENIUM

Fieberkraut

Ums Handgelenk
gewickeltes frisches
Fieberkraut hilft
gegen Schmerz.

KRISTALLE: Amethyst, Klarer Quarz,
Fluorit, Fuchsit, Malachit, Pyrit
BEHERRSCHT VON: Wasser
CHAKRAS: Solarplexus, Herz,
Drittes Auge

Heilung,
Intuition, Liebe,
Loyalität, Schutz,
Resilienz,
Selbstwertgefühl

Als Mitglied der Familie der Gänseblümchen besitzt Fieberkraut kleine sonnige Blüten, die in alle Richtungen schauen. Seine Magie ist beschützend, proaktiv und heilend. Es schützt uns vor zu viel Grübeln und vor Unfällen aufgrund von Ablenkungen. Fieberkraut wird auch mit Schutz vor Krankheiten verbunden. Im Mittelalter, als die Pest in Europa wütete, pflanzte man Fieberkraut vor dem Haus, um die Krankheit von denen, die darin wohnten, abzuhalten. Bis heute wird Fieberkraut in vielen Heilkräutergärten angepflanzt, auch in meinem Garten.

Auch energetisch ist Fieberkraut ein wunderbarer Heiler. Es verstärkt unsere Intuition, unser Selbstwertgefühl und unsere Immunität. Und zwar indem es unser Solarplexus- und unser Drittes-Auge-Chakra beeinflusst. Fieberkraut löst Energiestaus, die zu Grübeln, Verwirrung und Kopfschmerzen führen. Es lässt uns in unseren Körper zurückkehren, wo wir die täglichen Informationen besser verdauen, verarbeiten und mit ihnen umgehen können.

Fieberkraut ist ein eifriger Heiler von Geist, Körper und Seele. Es lässt sein Licht über uns leuchten, erhellt den Weg, führt weg von kopfgeburtlichen Ängsten, hinein in den Körper, wo wir unser Selbst und unseren Wert spüren können.

PFLEGE:
Fieberkraut toleriert pralle Sonne und leichten Schatten, regelmäßig gießen, die Erde soll feucht bleiben, aber nicht durchnässt werden

Tragt einen Thymianzweig
bei euch, wenn ihr etwas
vorhabt, das euch Angst
macht, aber wachsen lässt.

KRISTALLE: Achat,
Klarer Quarz, Citrin,
Herkimer-Diamant,
Oranger Calcit,
Sodalit, Tigerauge
BEHERRSCHT VON:
Wasser und Luft
CHAKRAS: Sakral, Solar-
plexus, Herz, Hals

Mut, Heilung,
Intuition, Schutz,
Reinheit, Ruhe,
Kraft

THYMUS VULGARIS

✦ ✦ ✦ · · *Thymian* · · ✦ ✦ ✦

Die Magie des Thymian besteht darin, unseren Heilungsprozess zu beschleunigen sowie unsere Stimmung zu heben. Griechische und römische Soldaten trugen Thymianzweige bei sich, um Kraft und Mut in der Schlacht zu sammeln, aber auch um den Übergang ins Jenseits zu erleichtern, sollten sie denn sterben müssen. Im Mittelalter schenkten Frauen Rittern und Kriegern Thymian als Symbol für Liebe und Tapferkeit. Thymian ist ein wunderbares Kraut, um Liebe anzuziehen und zu halten, gleichzeitig schenkt die Pflanze Mut und Selbstvertrauen. Getrockneter Thymian ergibt ein mächtiges, schützendes und reinigendes Räucherbündel – der Rauch befreit von Energieblockaden und füllt euren Raum mit einem Gefühl von Entspannung, Frieden und Liebe. Thymian hat ein Auge für Schmerz oder Trauer. Insofern ist die Pflanze sehr mächtig, wenn wir einen Verlust zu beklagen haben.

Die kleine und robuste Thymianpflanze erinnert uns daran, dass Stärke nichts mit Größe zu tun hat, sondern mit Handeln – sie liebt es, aktiv zu werden. Sie breitet sich im Garten aus, lockt mit den vielen winzigen Blüten Bestäuber wie Bienen, Schmetterlinge und Falter an. Klein, aber oho: Thymian ist so mutig und tapfer, auch unter Bedingungen zu gedeihen, die andere Pflanzen meiden. Thymian erträgt Hitze und Dürre, schlechte Böden, ja die Pflanze wächst sogar an Felswänden – mit einer Anmut und Leichtigkeit, die ihr ganzes Wesen erfüllt. Beschwört das mutige Wesen von Thymian herauf, wenn ihr aktiv werden wollt, auch wenn das mit Angst verbunden ist.

Die mächtige und zugleich winzige Thymianpflanze lehrt uns, dass Mut und Tapferkeit nicht gleichbedeutend mit dem Fehlen von Angst sind, sondern aus Handlungen entstehen, die wir trotz Angst durchziehen.

PFLEGE:
Thymian bevorzugt helle Sonne und staunässefreie Erde in einem moderaten Klima.

BOTANISCHER

✳ THYMIAN- ✳

BADEZUSATZ

Bäder sind mächtige Hilfsmittel, wenn es darum geht, Körper, Geist und Seele zu beruhigen. Ganz oder nur mit den Füßen in warmes Wasser zu tauchen ist therapeutisch. Setzen wir dann noch Heilpflanzen zu, heben wird das Thema Selbstfürsorge auf ein ganz anderes Niveau. Kräuterzusätze wie Thymian stimulieren Körper, Geist und Seele, sie schenken uns den Mut, ein Leben in Liebe zu leben.

IHR BRAUCHT

2 Handvoll frische Thymianzweige

1–2 Tassen Badezusatz wie Epsom-Salz oder Meersalz

Einen kleinen feuerfesten Topf mit Deckel

Herdplatten

Badewanne oder große Schüssel für ein Fußbad

Großen Löffel

Sieb

Nach Belieben:
Badezusätze wie

* Epsom-Salz – gegen
  Muskelverspannungen

* Meersalz – für energetische
  Reinigung

* Hafermehl – für mehr
  Hautfeuchtigkeit

Nach Belieben: weitere
magische Kräuter wie

* Basilikum – für Positivität

* Lavendel – für
  Tiefenentspannung

* Minze – für Fülle

* Rosmarin – für Klarheit

* Rosenblütenblätter – für
  Akzeptanz und Liebe

Nach Belieben: Kristalle
für die Wanne wie

* Citrin – für Fülle und
  Selbstvertrauen

* Klarer Quarz –
  für Verstärkung

* Rosenquarz – für bedin-
  gungslose Liebe

* Tigerauge – für Mut

+ Legt eure gereinigten Materialien bereit,
  aktiviert eure Magie (s. S. 20), segnet eure
  Materialien.
+ Gebt die Thymianzweige und sonstigen Kräuter (mit Ausnahme der Rosenblütenblätter)
  ins kochende Wasser und legt den Deckel auf.
  Den Kräutertee 15–30 Minuten sieden lassen,
  dabei gelegentlich umrühren.
+ In der Zwischenzeit lasst ihr euch ein Bad ein,
  wenn ihr wollt, fügt ihr wasserfeste Kristalle
  (s. Liste) hinzu und rührt den Badezusatz mit
  einem Löffel ein.
+ Schüttet den Kräutertee durch das Sieb ins
  Badewasser. Wenn gewünscht, Rosenblütenblätter ins Wasser geben.
+ Taucht vorsichtig in das magische Wasser ein,
  atmet tief durch und spürt, wie euer Körper in
  einen durch die Kräuter begünstigten Zustand
  von Hingabe, Entspannung und Empfänglichkeit gerät.
+ Genießt euren botanischen Badezusatz und
  beschwört Erinnerungen an Zeiten herauf,
  in denen ihr trotz Angst aktiv geworden seid.
+ Lobt euch für eure Tapferkeit.
  Bleibt, solange ihr wollt, in der Wanne und
  lasst zu, dass das Bad seine verjüngende Kraft
  entfalten kann.

TILLANDSIA

Luftpflanze

An Arbeitsplätzen
lindert sie Sorgen
und steigert die
Kreativität.

KRISTALLE: Amethyst, Apophyllit,
Calcit, Coelestit, Citrin,
Klarer Quarz, Lepidolit, Opal
BEHERRSCHT VON: Luft
CHAKRAS: Sakral, Herz, Hals,
Drittes Auge

Kreativität,
Imagination,
Unabhängigkeit,
Intuition,
Empfänglichkeit

Damit es auf dem Waldboden nicht zu eng wird, haben Luftpflanzen ihre eigene Methode entwickelt, sich im Dschungel einen sicheren Ort zu schaffen. Sie haben sich einfach zu den luftigen Baumzweigen aufgemacht, wo sie alles haben, was sie zum Überleben brauchen.

Als sogenannte Aufsitzerpflanzen nutzen Luftpflanzen feine Wurzeln, mit denen sie sich an Stämmen, Zweigen, Rinden und Steinen festhalten (manchmal auch an Drähten, wenn sie zu Hause wachsen). Mit besonderen Saugschuppen auf ihren Blättern filtern sie Wasser und Nährstoffe aus der Luft. Das erinnert uns daran, dass auch wir ständig von kreativen Einsichten und Ideen umgeben sind, die wir empfangen und aufnehmen können.

Magisch gesehen, helfen uns Luftpflanzen, Kreativblockaden zu überwinden, indem sie uns Zugang zu intuitiver Führung und kosmischer Verbundenheit schenken.

Energetisch verströmen Luftpflanzen eine Aura von Neugier, Kreativität, Unabhängigkeit und Imagination. Einige strahlen eine sanftere, heilsamere Yin-Energie aus, andere sind dornig und voller Yang-Energie. Aus diesem Grund sind Luftpflanzen eine großartige Heimdeko, da sie diese Energien ausbalancieren und generell für einen besseren Energiefluss sorgen.

Hoch oben auf den Zweigen tropischer Bäume in der Wildnis – dabei klein, aber raffiniert – erinnern Luftpflanzen uns daran, dass wir zuallererst uns selbst ändern müssen, um unsere Realität zu ändern.

PFLEGE:
Luftpflanzen bevorzugen moderates Sonnenlicht oder Teilschatten, alle zehn Tage 30 Minuten zur Gänze ins Wasser tauchen. Sie lieben Regenwasser.

LUFT-
✳ PFLANZEN- ✳
KRISTALL-TERRARIUM

Wir alle stecken manchmal fest oder fühlen uns persönlich, beruflich oder kreativ blockiert. Zum Glück hilft uns die Natur, unsere kreativen und intuitiven Energien freizusetzen. Indem wir etwas aus natürlichen Materialien herstellen wie dieses Pflanzen- und Kristallterrarium, können wir das Sakral- und Drittes-Auge-Chakra aktivieren, Energieblockaden auflösen und unsere Kreativität wieder frei fließen lassen.

IHR BRAUCHT

Glasgefäß mit einer mindestens handbreiten Öffnung

Räucherwerk oder Räucherbündel, um das Terrarium zu reinigen (s. Räucherbündel selber machen, S. 124)

Dekosand in einer Farbe eurer Wahl

1 oder mehrere Luftpflanzen, die ins Glasgefäß passen

1 oder mehrere sakral-aktivierende Kristalle

1 oder mehrere Drittes-Auge-aktivierende Kristalle

Löffel und Holzspieß

Nach Belieben: Deko-Objekte, die die vier Elemente repräsentieren (s. S. 13)

SO BEREITET IHR DAS RITUAL VOR

+ Säubert und trocknet das Glasgefäß. Anschließend reinigt ihr es energetisch, indem ihr mit Weihrauch, Räucherbündeln, Selenit oder euren aktivierten Händen Kreise gegen den Uhrzeigersinn beschreibt.
+ Schließt die Augen, amtet tief durch und lasst sämtliche Anspannung und Sorgen los. Aktiviert eure Magie und segnet eure Materialien (s. S. 20).
+ Sanft mit den Fingern eurer linken Hand das Drittes-Auge-Chakra drücken. Tief durchatmen und euch etwas vornehmen wie eure Kreativitätsblockaden auflösen oder Klarheit gewinnen.
+ Erwartungen, Perfektionismus und Selbstzweifel loslassen, einfach nur mit euren Materialien, Pflanzen im Moment sein.

SO MACHT IHR DAS TERRARIUM

+ Sand auf den Boden des Gefäßes geben.
+ Die Pflanzen im Gefäß arrangieren, dann nach Belieben Deko-Objekte dazugeben.
+ In jede Hand einen Kristall nehmen und tief einatmen. Freude aufwallen lassen und an den ursprünglichen Wunsch denken.
+ Dieses Gefühl aufrechterhalten. Dann die Kristalle ins Terrarium legen, folgt dabei eurer Intuition.
+ Einen Schritt zurücktreten und eure Kreation bewundern. Lobt euch für eure Kreativität.
+ Das so energetisierte Terrarium auf den Altar, Arbeitsplatz oder ins Schlafzimmer stellen, um euch mit der Magie, Kreativität und Führung zu verbinden, die ihr heraufbeschworen habt.

ZAMIOCULCAS ZAMIIFOLIA

Glücksfeder

Arrangiert sie am Arbeitsplatz, in Studios, Büros und Klassenzimmern für Konzentration, Produktivität und Kreativität.

KRISTALLE: Achat, Amethyst, Coelestit, Klarer Quarz, Fluorit, Lepidolit, Rosenquarz, Türkis
BEHERRSCHT VON: Wasser
CHAKRAS: Solarplexus, Herz, Hals, Drittes Auge, Scheitel

Aufmerksamkeit, Ausdrucksfähigkeit, Spaß, Unabhängigkeit, Freude, schützend, reinigend, spirituelle Verstärkung, Weisheit

Die Blätter der anpassungsfähigen und unabhängigen Glücksfeder reflektieren das Licht, um selbst dunkle Ecken eures Zuhauses aufzuhellen.

Die Magie der Glücksfeder unterstützt unser stetiges Wachstum und unsere Liebe zu lebenslangem Lernen. Glücksfedern lieben es, unsere Konzentration zu schärfen, uns neugierig zu machen und unsere Kreativität zu stimulieren. Sie verstärken unsere Begeisterung für neue Themen, für die wir so richtig brennen. Glücksfedern sind mächtige Verbündete, wenn wir uns so richtig in etwas vertiefen wollen. Sie sind besonders für Kinder geeignet, denn sie helfen ihnen beim Wachsen und Lernen. Sie fördern ihre Konzentration und Kreativität. Stellt Glücksfedern am Arbeitsplatz auf, wenn ihr ein neues Projekt beginnt, oder stellt sie auf den Tisch, an dem die Kinder ihre Hausaufgaben machen oder basteln, um sie dabei zu unterstützen.

Glücksfedern haben jede Menge aktive Yang-Energie und erinnern uns daran, dass wir ein Leben lang wachsen und lernen, und das mit so viel Freude wie möglich. Glücksfedern wissen: Um weise zu werden, müssen wir lernen, unser inneres Kind zu akzeptieren, ja zu bemuttern. Glücksfedern fordern uns auf, uns in allen Lebensphasen zu akzeptieren.

Die stets unabhängige Glücksfeder lehrt uns Selbstgenügsamkeit, erinnert uns daran, dass die Zugehörigkeit, nach der wir uns sehnen, beginnt, wenn wir lernen, uns selbst zu gehören.

PFLEGE:
Sie duldet wenig bis viel Licht und mag es, wenn die oberen Zentimeter Erde zwischen dem Gießen austrocknen.

PFLANZENMAGIE FÜR JEDEN TAG ☾

....

»Liebe die Welt als dein Selbst, dann kannst du dich um alle Dinge kümmern.«
Lao-Tse, Chinesischer Philosoph

Wer die Pflanzenmagie richtig umarmen und nutzen möchte, braucht eine tiefe
Naturverbundenheit. Die entsteht auch durch Rituale, die unsere Aufmerksamkeit und Wahrnehmung schärfen. Rituale verbinden uns mit der Magie, die
uns umgibt, und stärken unsere eigene Magie im Alltag und im Umgang mit
Menschen. Rituale machen Gewöhnliches außergewöhnlich. Sie verbinden die
physische Welt mit der magischen und spirituellen. Auf diese Weise verschaffen
sie uns Zugang zur essenziellen Magie unserer Seele. Rituale lehren uns, dankbar für all das zu sein, was die Natur uns schenkt. Sie laden uns ein, die Vitalität
der Erde nie aus den Augen zu verlieren.

PFLANZENMAGIERITUALE ✳

Wenn ihr euch mit den Ritualen in diesem Buch beschäftigt und sie euch
aneignet, werdet ihr spüren, wie magische Pflanzenenergien in euch Wurzeln
schlagen. Ich lade euch dazu ein, die Rituale und Praktiken individuell anzupassen und zu erneuern!
Ich selbst nutze sie folgendermaßen:

....

ZU MEINEN TÄGLICHEN RITUALEN ZÄHLEN:
Die Magie aktivieren (s. S 20)
Zitrone: Dankbarkeit, Erdung & Energetisierung am Morgen (s. S. 48)
Eiche: Tägliche Baummeditation (s. S. 110)
Der Erde etwas zurückgeben (s. S. 9)

ZU MEINEN MONATLICHEN RITUALEN ZÄHLEN:
Thymian: Botanische Bäder (s. S. 142)
Geigenfeige: Selbstausdruck-Tanzeinlage mit der Geigenfeige (s. S. 68)

ZU MEINEN MANIFESTATIONS- UND NEUBEGINNRITUALEN BEI NEUMOND (ODER BEI BEDARF) ZÄHLEN:
Basilikum: Kerzenzauber (s. S. 92)
Zitronenmelisse: Zitronenmelisse-Zauberglas (s. S. 82)
Minze-Zauberbeutel für Zuversicht (s. S. 86)

ZU MEINEN LOSLASS- UND KREATIVITÄTSRITUALEN BEI VOLLMOND (ODER BEI BEDARF) ZÄHLEN:
Luftpflanzen: Energieblockaden lösen mit dem Terrarium (s. S. 146)
Basilikum: Kerzenzauber (s. S. 92)
Einen Altar bauen (s. S. 15)
Salbei: Räucherbündel selber machen (s. S. 124)

Die anderen Rituale mache ich, wenn ich sie brauche oder mir danach ist.

Ein Leben voller Pflanzenmagie transformiert nicht nur uns, sondern auch den gesamten Planeten. Wenn wir uns wieder mit der Magie der Natur verbinden, werden wir uns auf die heilige Wechselbeziehung zwischen uns und der Erde besinnen. Sie beinhaltet ein bewusstes Geben und Nehmen, tiefe Dankbarkeit, Verantwortung und Verbundenheit. Pflanzenmagie zu leben bedeutet, in Harmonie mit der Natur zu leben und die Erde nie aus dem Blick zu verlieren.

DIE ERDE NIE AUS DEM BLICK VERLIEREN

Pflanzen und unsere Beziehung zu ihnen spielen eine große Rolle für eine nachhaltige Zukunft. Sie passen sich an den Klimawandel an, helfen, Plastikabfall zu vermeiden, heilen Gewässer, Böden und chronische Krankheiten und tragen so dazu bei, der Erde und auf ihr Lebenden eine saubere, gesunde Zukunft zu garantieren. Noch ein paar Tipps für eine grünere und glücklichere Zukunft:

✳ **TÄGLCHE WECHSELSEITIGE VERBINDUNG MIT DER NATUR**

Macht es euch zur Gewohnheit, für Dinge dankbar zu sein. Schenkt eure Atmung und Energie der Erde, bringt ihr Blüten und Kompost dar, reduziert euren Müll. Empfangt ihre Energie und Liebe, indem ihr täglich euer Wurzelchakra erdet.

✳ **UNTERSTÜTZT EINE NACHHALTIGE LANDWIRTSCHAFT**

Kauft, wenn möglich, von Betrieben, die natürlichen Dünger und natürliche Pflanzenschutzmittel verwenden, mit Fruchtfolge und biologischen Waldgärten arbeiten, kompostieren und den Boden sanieren.

✳ **ESST MEHR PFLANZEN**

Die Fleisch- und Milchindustrie behandelt Tiere nicht nur unethisch, sondern trägt durch Unmengen Treibhausgase sowie pestizidbelastetes Futter und Antibiotika erheblich zum Klimawandel bei. Teils brennt sie Wälder für Weide- oder Anbau-flächen nieder. Es gibt fantastische pflanzliche Ersatzprodukte sowie Bio-Bauern-höfe und Kooperativen, die nachhaltigere und ethischere Tierprodukte anbieten.

✳ **BAUT SELBST GEMÜSE UND KRÄUTER AN**

Pflanzt in euren Garten an euer Klima angepasste Obstbäume wie Apfelbäume. Baut Küchen- und Heilkräuter wie Rosmarin und Lavendel an, experimentiert mit

Gemüsebeeten. Oder zieht Kräuter auf der Fensterbank oder in vertikalen Gärten. Vielleicht ist auch ein Gemeinschaftsgarten eine Idee?

✳ REDUZIERT EUREN MÜLL, VOR ALLEM PLASTIKMÜLL

Nehmt eure eigenen wiederverwendbaren Einkaufstaschen, Wasserflaschen, Trinkbecher, Strohhalme und Bestecksets mit. Habt ihr trotzdem Plastikmüll (denn seien wir ehrlich, das Zeug ist einfach überall), dann engagiert euch für eine Zukunft mit wiederverwendbaren Verpackungen aus biologisch abbaubaren Pflanzenmaterialien, z. B. aus »Plastik« aus Kakteen bzw. »Styropor« aus Maisstärke.

✳ SCHÜTZT DIE WÄLDER UND OZEANE UND PFLANZT MEHR BÄUME

Unterstützt diejenigen, die Wälder, Wasser, Luft und Erde schützen – auch Indigene und Non-Profit-Organisationen weltweit. Pflanzt Bäume, wann immer es geht, und spendet oder engagiert euch für Wiederaufforstung.

✳ WÄHLT UND UNTERSTÜTZT DIE, DIE AN DIE PFLANZEN DENKEN

Lasst nicht locker, recherchiert, unterstützt und wählt diejenigen, die eine Politik betreiben, die die Erde vor Zerstörung und Umweltverschmutzung schützt. Irgendwann werden Regierungen, Fabriken und Firmen die Ausplünderung unseres Planeten beenden müssen. Wir unterstützen dieses Engagement für die Erde, indem wir laut werden, handeln, Geld spenden und entsprechend wählen.

Ein Leben voller Pflanzenmagie ist ein Leben, das die Rhythmen und Zyklen der Natur respektiert, uns unsere eigene Magie bewusst macht. Es beruht auf allseitiger Verbundenheit und übernimmt Verantwortung, zeigt Dankbarkeit und Unterstützung. Vor allem aber bedeutet es, dass wir uns des Göttlichen bewusst werden, das uns durchströmt. Dass wir uns selbst bedingungslos lieben und schätzen – und zwar so, wie wir sind, mit all unseren Fehlern. Ein Leben voller Pflanzenmagie konzentriert sich auf positives Wachstum und auf die mächtige Magie der Selbstliebe – so wie auch wir von den Pflanzen, ja von der gesamten Natur geliebt werden. Vergesst niemals diese Segnungen, die lebensbejahende Energie der Pflanzen und die magische Essenz der eigenen Seele.

ÜBER DIE AUTORIN ☽
& DANK

Rachael Cohen verbindet mit der Natur: Sie ist spirituelle Lebensberaterin, Floristin, Energiearbeiterin und intuitives Medium, darüber hinaus die Gründerin und Inhaberin von *Infinite Succulent*, einem in San Diego ansässigen Unternehmen für Wellness und Floristik, sowie die Autorin von *Infinite Succulent: Miniature Living Art to Keep or Share* (Countryman Press, 2019). In ihrem früheren Beruf als Umweltpädagogin und Wildtierspezialistin wuchs ihre Sorge darüber, wie unsere Gesellschaft die Natur zerstört. Eine kreative Beziehung zu Pflanzen hat ihr Leben verändert. Jetzt widmet sich Rachael der Aufgabe, Menschen und deren Seelen durch die Liebe der Natur sowie durch kreative, intuitive und magische Wechselbeziehungen wieder mit der Natur zu verbinden.

Meine unendliche Wertschätzung und Dankbarkeit gilt den vielen begabten Menschen, die an diesem Buch mitgewirkt haben. Ich danke meiner großartigen Lektorin Kate Burkett für ihre nicht nachlassende Ermutigung, der großartigen Designerin Olivia Bush, der brillanten Illustratorin Maya Hanisch und dem gesamten Team von Hardie Grant: danke, dass ihr meine Worte in ein so wunderschönes Buch verwandelt habt.

Ich danke auch meiner Agentin Tisha Morris und meinem Schreibcoach Jeanne Faulkner, ohne die dieses Buch niemals entstanden wäre: danke, dass ihr mir geholfen habt, meine Stimme zu finden und dieses Buch zu dem zu machen, was es werden sollte. Danke, dass ihr mich an die Schriftstellerin erinnert habt, die ich bin.

Danke für die zwei Jahre voller Absagen, die ich bekam, als ich dieses Buch vorstellte: Jede einzelne hat mich nur darin bestärkt, weiterzuwachsen und meine magische Verbundenheit zu den Pflanzen und zur Natur zu stärken, mich gleichzeitig darauf vorzubereiten, zur Botschafterin für Pflanzenweisheit und -magie zu werden.

Ich danke meinen unzähligen Lehrer:innen und Führer:innen, seien sie nun Mensch, Pflanze, Tier, Mineral oder Naturgeist. Ich danke den Pflanzen, die mich jeden Tag an unseren Wert, unsere Verdienste und unsere Magie erinnern. Ich danke Mutter Erde, dass sie uns in ihrer Umarmung hält und mir Worte der Zugehörigkeit und Verbundenheit direkt ins Herz flüstert. Bedanken möchte ich mich auch bei allen, die Kräutermedizin, Magie und spirituell basierte Ökologie weiterüberliefern, uns trotz der Versuche der Gesellschaft, sie in Vergessenheit geraten zu lassen, an echte Lebenswahrheiten erinnern. Ich danke meinen spirituellen Mentorinnen Marie Manuchehri und Alyson Charles, die mir wie die Pflanzen geholfen haben, mich auf meine eigene Magie und die Magie der ganzen Welt rückzubesinnen.

Und ich danke meiner Familie, meinen Eltern, die mir eine tiefe Naturverbundenheit und den Wunsch eingepflanzt haben, Liebe, Weisheit und Heilung in der Welt zu befördern. Ich danke meinem Mann Greg für seine Liebe und Unterstützung und dafür, dass er die Vormittagspflichten übernommen hat: So konnte ich monatelang bis spät aufbleiben und schreiben! Und dann danke ich meinen wunderbaren Kindern A & Z: danke, dass ihr mich als Mutter ausgewählt, mich tiefer mit meiner Seele verbunden und mich gelehrt habt, stets weiterzuwachsen.

REGISTER

Titel der Originalausgabe: Everyday Plant Magic
Erschienen bei Hardie Grant Books, einem Imprint von Hardie Grant Publishing
Copyright Text © 2022 Rachael Cohen
Copyright Illustrationen © 2022 Maya Hanisch

Deutsche Erstausgabe
Copyright © 2023 von dem Knesebeck GmbH & Co. Verlag KG, München
Ein Unternehmen der Média-Participations

Projektleitung und Lektorat: Anja Sommerfeld, Knesebeck Verlag
Übersetzung: Christiane Burkhardt, München
Umschlagadaption: Fabian Arnet, Knesebeck Verlag
Satz: Akademischer Verlagsservice Gunnar Musan
Druck: Leo Paper Products
Printed in China

ISBN 978-3-95728-734-2

www.knesebeck-verlag.de

Warnhinweis: *Bitte beachtet, dass die Informationen in diesem Buch nur pädagogischen Zwecken dienen. Sie sollen zu mehr Verbundenheit und Inspiration führen und sind nicht geeignet, Gesundheitsprobleme zu diagnostizieren oder zu behandeln. Bitte stets selbst nachrecherchieren und ausgebildete Kräuterfachkundige, Heilpraktiker:innen, Aromatherpeut:innen oder Ärzt:innen hinzuziehen, bevor ihr mit Kräutermedizin arbeitet, vor allem wenn ihr Gesundheitsprobleme habt, Medikamente nehmt, schwanger seid, schwanger werden wollt oder stillt.*